作家印象記

史上首部　作家辭典

收錄29位中外近現代作家們未曾對外公開的野史軼文

一窺那些你所不知道的五四文人私生活

謝冰瑩　著

女兵作家謝冰瑩親訪當事人，或拜訪其摯親好友、往返圖書館蒐集史料

近身觀察那些民國文人們的交友、感情、多舛命運，還有最貼近個人的日常生活!

三民書局

推薦序

在中國現代文學史上，謝冰瑩其人其作都是一種獨特的存在。

她於一九二一年秋天考入湖南省立第一女子師範，但未畢業即投筆從戎，於一九二六年冬考入中央軍事政治學校女生隊，次年參加北伐，這段參戰的經歷體驗，她以日記體的方式寫成《從軍日記》，刊載於武漢《中央日報》副刊，林語堂讚賞之餘譯為英文發表，獲得國內外讀者歡迎，「女兵作家」的形象與地位由此奠定，可以說，她的女兵經驗已然是民國史的一頁傳奇。

此外，作為民國文學的女性作家，她在日記、傳記、報導文學等紀實文學的表現同樣亮眼，《從軍日記》和《一個女兵的自傳》已是足以傳世之作，不僅在當時是暢銷書，後來還被譯成英、日、法、西、葡、意、韓等多種文字，並拍成電影，可以說造成了一定的國際影響。來臺後，她依然在文壇持續耕耘，陸續出版了散文集《冰瑩憶往》、《冰瑩遊記》、《愛晚亭》、《作家印象記》，小說集《紅豆》、《霧》、《碧瑤之戀》，兒童文學《小冬流浪記》、《小讀者與我》、《舊金山的四寶》及遊記、傳記等多種。合計在她七十多年的創作生涯中，寫了兩千多萬字，出版了八十多種著作，這些豐碩的成果已成為現代文學史上不容忽視的璀璨瑰寶。

一九六七年出版的《作家印象記》在她為人所知的眾多名作中，讀者可能比較不熟悉，但這確實是一部兼具文學與歷史價值，且可讀性甚高的散文作品。作為五四以來第一代女作家，謝冰瑩實際參與了現代文學史的建構，也因各種機緣結識了現代文學史上許多著名的作家，在與他們或深或淺的互動中留下了終生難忘的印象，這也是多年後促動她寫這本書的原因。全書描敘了二十九位作家的生平軼事，包括重要經歷、文學成就、人生命運、情感波折，既有大名鼎鼎的胡適、郁達夫、徐志摩、朱自清、許地山、朱湘、孫伏園、齊如山、劉大白，也有相對陌生的方瑋德、孫席珍、黃廬隱、孫福熙、林庚白、錢君匋等，甚至與她交往過的韓國作家朴花城、崔貞熙，菲律賓作家康沙禮士，法國作家羅曼羅蘭，不論是未曾謀面僅通書信，還是一面之緣，匆匆晤談，又或是多番往來，情誼深厚，謝冰瑩總能以細節生動的文筆，娓娓道來，使人物形象栩栩如生，凡讀過者自然會留下深刻的印象。

寫人物不易，寫作家尤難，寫大家熟知的作家難上加難，但作者寫來似乎並不費力，多年的寫作經驗讓她輕易就抓住人物特殊的神韻，掌握人物的情感心理，因此書中的每一位人物都能血肉飽滿，躍然紙上，說是「印象」，其實形象突出，意象鮮明，可謂是上乘的人物小品。由於書中材料均為作者第一手的接觸與觀察，具有真實的準確性，文學人加上文學事，現代文學愛好者與研究者都可以在這些「側寫」中獲得文學的觸發與學術的體悟。

在砲火洗禮中，謝冰瑩以其勇氣膽識為她個人和那個時代譜寫了一則女兵傳奇，又以其創作才華為我們刻畫了許多作家不為人知的動人印象。當她寫下這些作家的印象時，我們也從這些印象中看到了屬於作家謝冰瑩多情多感、有情有義的一面，和她筆下的作家一樣，令人動容，令人難忘。

張堂錡

（政治大學中文系教授兼系主任）

前　言

說起來，已經是二十年前的事了。

為了考證莫泊桑的死，我一星期要去北平圖書館好幾次，因而認識袁、趙兩位先生。記得是三十六年的秋天，袁先生忽然和我談起一個問題，想要編一本作家辭典，或者出一部有相當份量的作家印象記。首先要做的第一件工作，就是要調查「五四」以後許多作家的姓名、筆名、籍貫、學歷、經歷、生年月日，和他們的全部作品名稱。袁先生曾經編了一部「中國作家筆名錄」，非常詳細。於是第一步，我們先開名單，比較知名的作家，我們開了三百五十多位，其中有些已經作古，有些不知地址，無法通郵，統計發出的信二百多封，陸續地收回了一半。

三十七年九月，我因接受了臺灣省立師範學院之聘，便離開北平來臺北，袁先生忙著找人抄一份資料給我帶來，他極力贊成我寫一本「中國作家印象記」一類的書，裏面包括人物素描和作品介紹。

趙先生，他曾幫助過一位比利時神父善秉仁先生編了一本《中國一千五百部小說和戲劇》，對於調查作家這一件工作，也非常熱心，當時所有請各作家填表的信封、信紙、郵票，都是我們三人分擔；只有表格是借圖書館的油印機印的。趙先生也鼓勵我寫；而且自告奮勇地將來要替我譯成英文。於是我開始寫了幾篇給在濟南出版的《華北新聞》，頗受讀者歡迎；後來到了臺灣，王平陵先生主編《中國文藝》，我又寫了三十多篇，收到許多讀者來信，要我繼續寫下去，最好趕快出書。

在臺灣，這是一件很有意義的工作，大部份的青年，都不知道「五四」以後，中國究竟有多少作家？我們如果能做一個有系統的介紹，未始不是一件好事。

在這一百多位作家裏面，有些我與他從來沒有一面之緣，自然無法寫印象，只能介紹他們的作品；有些在大陸上生死莫明，或者正在匪區供職的都不便寫。

我非常珍惜這些原始資料，因為這是經過每一位作家親自填寫的，自然忠實可靠。記得朱自清先生把表寄來時，還附了一封長信，他說：「本來我最不喜歡填表；但當我講授某個作家作品時，很難找到他的資料，對學生無從介紹，現在你要做個詳細的調查，我很贊成，希望這本書趕快出版，我一定先預約一本。」

沒想到他的表寄來之後，不久就去世了，他彷彿有預感似的，填得特別詳細。例如在履歷一欄裏，他寫著民國幾年幾月在某某中學教書，某年某月離開；有關著作部份，他也填得特別詳細，每一本屬於那一類，那一年出版，那幾本是和別人合編的，他都註明得清清楚楚。

我們的表格形式，共分十二項，包括：

真實姓名、字號、筆名、生年、籍貫、學歷、履歷、著作及譯作、抗戰期間活動、所加入之社團、評傳資料、現在職業及住址。

這麼麻煩的一張表格，虧了他們都填好寄來。

在這本集子裏，每篇文章的原始資料，力求真實完備：例如關於胡適之先生的那一部份，我曾把全文寄給胡頌平先生，請他為我指正補充；有關齊如山先生的，向陳紀瀅先生請教；有關王平陵先生的，向他的愛女晶心小姐索取材料，並請她補充；有關覃子豪先生的，請葉泥先生供給資料；還要特別感謝吳若先生，承他的熱心指教，在編排目錄上，知所取捨。

作家印象，並不只限於中國，因此在本集裏，我收集了兩篇韓國的，一篇菲律賓的；至於羅曼羅蘭那篇，本來不想加進去；但為了在我寫作的歷史上，這是一個給我最大的鼓勵與勇氣的先輩作家，我不能忘記他，所以也附在這裏。

此外，我還要說明一點，對於每個作家的性格描寫，和他們為人處世與治學的精神，也都有簡略的敘述，可以幫助讀者在看過他們作品之後，進一步地認識他們，了解他們。

現在因為三民書局要出一套《三民文庫》，邀我參加一部，我先整理一部份付印，以後還要繼續出版的。

本書內容如有欠妥之處，希望文壇先進多多指教，以便在再版時改正，補充。

五五年十二月二十六於師大

目次

王平陵

五十三年一月七日上午，下課回來去理髮，在報上看到王平陵先生患腦溢血住臺大醫院的消息，心裏萬分不安。不久前，我聽說王太太患半身不遂症，現在還沒有好，天天想去景美看她；卻老是抽不出半天功夫來。

下午三點，我走進臺大醫院，看見君穀和麗婉正從裏面出來，我連忙問：

「怎麼樣？平老的病好了一點沒有？」

「沒有，仍然昏迷不醒。」

「唉！……」

我說不出話，只長長地嘆了一聲。

君穀想陪我進去，卻面露猶疑之色，我說：

「我自己會找到四百十三號的，你們走吧。」

「我們進去好幾次了，腿子已輭，謝先生，您自己去吧，病房在樓上。」

找到了四百十三號三等病房，在進門的屏風後面，躺著平陵，正在用氧氣維持他垂危的生命。臉上還是那麼紅潤，好像一個很健康的人，正在那裏安靜地睡午覺；如果不是氧氣的橡皮管插在他的鼻孔內、嘴裏，實在看不出病的象徵來。

「自從進醫院，一直沒有醒過嗎？」

我問平陵的外甥女蔣雪貞女士。

「沒有，一直不省人事。」

「王太太現在什麼地方？」

「在蔣先生家裏。」

接著我問起平陵當時暈倒的經過情形，她說：
「我當時不在他家裏，只聽說他的長篇小說《愛情與自由》已經完成了，只差一篇序，他剛開始寫一百多字；突然右手抽筋，寫不下去了，允汶在旁看見他倒下來了，連忙問：『爸爸中風了嗎？』他回答說：『沒有！我沒有中風！』後來看見情形嚴重了，才去叫馮放民先生，雇了車送臺大……」
「太累了，他的病是累出來的！」我輕輕地說，彷彿怕驚醒了病人似的。
「一點不錯，姨父是太累了！起初是姨媽中風，姨父日夜侍候她，又擔憂，又著急。本來他對於家事，什麼也不會的，如今姨媽躺著不能動了，他要做些瑣碎的家事，又要愁著沒有錢；最傷腦筋的是：姨媽常常說到死，不想再活下去，原因是怕醫病要多花錢。」
聽到這裏，我已經完全明白了，也可以說早就料到了，凡是文人都有一個相類似的下場——窮，病，死！
可是誰又想到平陵死得這麼快，這麼慘，這麼可憐！

八號上午我抽空去看王太太，她躺在碧薇的家裏，兩眼深陷，顴骨高聳，臉上沒有一點表情，眸子失去了光彩，一見我便含淚問：

「謝先生，你知道嗎？平陵病了！」

「知道，昨天我去看過他了。」

「怎麼樣？他會好嗎？」

「當然會好的！今天他好多了，醫生說，再有兩天，就可完全好了！」

我在說著騙她的話，心裏感到一陣酸楚，眼淚立刻就要滾下來，我用力壓制，把目光轉移方向。

「你要安心養病，不要掛念他，自己的健康要緊。」

我眼望著走廊上一幅畫說。

「活著幹什麼！我早就想死了！沒有錢，唉！沒有錢怎麼活下去？」

她的聲調是這麼絕望，這麼悲哀！

「王太太，不要愁錢的問題，這麼多朋友，難道還會眼巴巴地看著你們生病嗎？我們要想辦法捐錢來給你們治病，使你們恢復健康。」

「太連累朋友了，我們心裏不安。比如我吧，蔣先生對我們太好了，她天天侍候我，吃牛奶、雞蛋、橘子水……這不是辦法，太麻煩她了，我要回去，遲早總歸要回去；但是怎麼辦呢？回去沒有錢呀！沒有錢，怎麼活下去呢？」

每一句話，每一個字都像一塊巨石，一個錘子落在我的耳裏、我的心上，我難過，我傷心！我恨自己也和他們一樣的窮，不能幫助他們！

忍不住的眼淚，終於滾下來了。我連忙把它擦掉，換了一個話題：

「平陵好了之後，你要嚴格地管束他，不讓他再去開會，演講，他到了應該休息的年齡；也不要他再寫文章。」

「不寫文章，怎麼活？你可以不寫文章嗎？」

她這句話問得我啞口無言。真的，不寫文章，我們怎麼活下去呢？還不是為了一月一千多元的收入不夠維持生活嗎？

沒有什麼可說的了，我在她的床邊默默地坐了將近四十分鐘，然後和碧薇談談她怎樣替王太太調理胃病的經過就回來了。

十號的下午我和月化、曼瑰、蟬貞去看平陵的病，只見他的呼吸越來越急促了，臉上已瘦得不像人樣。

「怎麼樣？好一點嗎？」我問允汶。

「更惡化了，針也打不進，血管已經硬化，恐怕……」

他的眼裏滾動著淚珠。

「不要著急，他會好的！」

別的忙都可以幫，只有生病，任何人不能代替，不能幫忙。我們站了一會，大家彼此搖搖頭，嘆幾聲氣，默默地離開病室，曼瑰還留在那裏。

「我們輪流看護他，現在輪到我值班的時候。」

多麼深厚的友情，多麼值得人讚美的溫暖！

「謝先生，報告你一個不幸的消息……」

十二號下午四點多鐘的時候，學謙顫抖的聲音，自電話中傳來。

「我知道，平陵去了！」

「兩點四十二分！……」

「……………」

我的眼淚如潮水湧出，我們都說不出話來。

「我們現在極樂殯儀館，請你轉告李辰冬先生。」

「好的。」

完了！可憐的平陵，努力一生，奮鬥一生，竟在這麼貧病交加的情況下死去，實在太令人傷心了！平時大家都為了面子問題，不敢說出自己的窮窘，有時還要打腫臉充胖子，唉！可憐的文人！

自從看了平陵夫婦的病容以後，我的腦子裏，整天都浮現著他們兩人的印象，夢裏也看到那兩根插在他鼻孔內口腔裏的橡皮管，我無法使腦子安靜，我的頭越來越痛，越來越沉重，我知道血壓又增高了；但我不敢說，也不敢去量，更不敢想；我只每天吞下六顆藍色的藥片。

我寫完了這篇文章，忽然不難過了，為什麼？因為平陵並沒有死，他的精神存在他的作品裏面，他不會死，永遠不會死的！

附錄一

王平陵先生的生平

王平陵先生本名仰嵩，字平陵，用過的筆名有西泠、史痕、秋濤等，光緒二十四年（西元一八九八年）戊戌陰曆四月初一生於江蘇省溧陽縣樊川鎮，他的父親王洪鈞公是清末秀才，家學淵源，所以平陵從小就受到良好的教育；加之天資聰敏，又肯努力用功，因此他以第一名的優等成績考進了杭州省立第一師範，得到官費的資助，才能有求學的機會；不幸兩年之後，他的父親去世了，他只得回鄉奔喪，為了要負起撫育弟妹的責任，他故意請病假，在溧陽城兼了三個學校的課程，直到杭州一師大考時，才趕回學校參加考試，結果仍然是全班最好的，畢業成績總分為全校第一，班上有些同學的作文，常常由平陵先生代作。

從這時候開始，他學習寫文章；投稿；他的老師李叔同先生（弘一法師）因為出家的關係，把所有的文藝書籍送給平陵先生，他高興的了不得，日夜埋頭苦讀；同時開始創作，民國九年他的小說〈雷峰塔下〉在《時事新報》副刊上發表，頗獲好評，還寫了一個獨幕劇〈回國以後〉，刊於《婦女雜誌》上。

平陵先生自杭州第一師範以優異成績畢業後，曾先後在瀋陽美術學校和溧陽縣立同濟中學任教，兩年後，轉任於南京美專，並於震旦大學南京分校攻讀法文。民國十三年，主編《時事新報》〈學燈〉，這年的陰曆二月二十四日與呂瑛女士在家鄉結婚，從此他有了一位溫柔體貼、能吃苦耐勞的賢內助，他不用操心家務，只一心一意從事寫作。

民國十七年，王先生任教於上海暨南大學，後任《中央日報》〈大道〉與〈清白〉副刊主編。那時候，左翼文人提倡普羅文學；（即無產階級文學）而平陵先生就提倡民族文學來對抗他，和他們發生激烈的筆戰。

民國二十六年抗戰爆發，平陵先生為了加強文藝對敵作戰，曾把他主編的《文藝月刊》，改為半月刊，上面登載的，盡是那些鼓勵士氣，熱愛國家民族的詩歌小說和報導文學。我那時也常給他寫稿，平陵先生最客氣，他比我年紀大，學問高；可是常常叫我「冰瑩大姐」，使我有受寵若驚之感。

抗戰勝利後，一班人都忙著做出川的打算，平陵先生卻與眾不同，他想安靜地在重慶鄉下過著清苦的寫作生活，直到民國三十八年十一月二十六日，重慶陷匪的前夕，他在友人的協助下，搭乘最後一架班機，帶著長子允昌飛到臺灣；而把太太和女兒晶心，次子允汶留在山城。三十九年四月，她們才冒險輾轉自匪區逃亡出來與平陵相聚。

來臺灣後，平陵先生一直沒有固定工作，他們住在中壢鄉下時，真是苦不堪言；但他安貧樂道，整天笑口常開，從來不怨天尤人。

民國四十一年至四十三年，主編《中國文藝月刊》，第三年，受泰國華僑之請，赴曼谷任《世界日報》總編輯職務，因氣候不適，一年後返臺。

民國四十八年，應馬尼拉華校師專之聘，赴菲講學，並在馬尼拉《大中華日報》寫文藝專欄；經常協助華僑的劇運及各項文藝活動，這年，他獲得教育部頒發的戲劇獎金及獎章。

回國後，受聘為政工幹校專任教授，他教課認真，從不遲到早退，極得學生敬重。

五十三年一月五日，這一個不祥的日子，使平陵先生突然患腦溢血，當晚送到臺大醫院，整整一個星期，他沒有睜開眼睛，也沒有說過一句話，就在十二日下午兩點四十二分，他默默地離開了人間。

他的《愛情與自由》剛脫稿不久，正在寫序的時候，忽然暈倒，可以說：平陵先生一生為寫作犧牲，他真的做到了把生命獻給文學的信條……

寫到這裏，我的淚眼模糊，我彷彿看見平老向我走來，他在微笑地叫我「冰瑩大姐」，他並沒有死，正如鳳兮先生所說：「他不滅的生命，將昇華到另一個聖善和樂的世界，在那個世界裏，他也將跟我們生活在一起的時候一樣，永遠帶著藹然仁者的笑，到處受人歡迎。」

五十五年十一月一夜

附錄二

王平陵先生的著作目錄

一、理論部份

西洋哲學概論（十三年上海泰東書局出版）
中國婦女戀愛觀（十五年上海光華書局出版）
社會學大綱（十五年上海泰東書局出版）

電影文學論（十九年商務印書館出版）
新狂飆時代（三十三年三月商務出版）
創作藝術論（將出版）（編按：六十四年正中書局出版《寫作藝術論》，應即「創作藝術論」）
此外尚有美學大綱、心理學論叢、文藝家的新生活、戰時文學論等。

二、小說部份

1. 長篇小說：
少女心（於酒之友連載未完）
歸舟返舊京（上海懷正書局）
六十年代（作品連載未完）
愛情與自由（五十三年正中書局）
魔姬

鉤心鬥角

2.中篇小說：

新淚

茫茫夜（商務）

嬌喘

乘風破浪

3.短篇小說：

期待（二十一年正中書局）

湖濱秋色（三十六年商務）

送禮（商務）

殘酷的愛（四十年正中）

旋渦（四十三年香港自由出版社）

歸來（四十四年中華書局）

夜奔（商務）
火種（中華）
游奔自由（中華）

三、散文集

副產品（商務）
雕蟲集（四十四年香港自由出版社）
我在馬尼拉的生活（大道連載、遺著將出版）（編按：該遺著之出版社、出版年月均不詳）
走目蘇花路（遺著將出版）（編按：該遺著之出版社、出版年月均不詳）

四、戲劇

狐群狗黨（獨幕劇）

夜（獨幕劇，四十八年四月改造出版社）

自由魂（香港亞洲出版社）

錦上添花（同前）

臺北夜話（同前）

愛的感召（同前）

幸福的泉源（改造出版社）

情盲（正中）

維他命

五、電影劇本

重婚

貴婦怨

紫金山的春天

慈母心

陽春白雪

孤城落日

生命線

六、詩集

獅子吼（三十五年南京書局）

虞賽的情詩（法文譯本）

七、歌詞

反共抗俄總動員（黃友棣作曲）

大時代進行曲（談修作曲）

八、報導文學

三十年文壇滄桑錄

王獨清

被譽為創造社大詩人的王獨清先生，是陝西長安人，生於一八九八年，留學法國，專攻藝術。回國後，與投匪文人郭沫若，已故郁達夫、張資平等發起組織創造社，曾主編《創造月刊》，一九二九年，一度任上海藝術大學的教務長，同時主編《展望月刊》。

獨清先生生長在一個世宦之家，在他的自傳《長安城中一少年》裏，描寫他的家裏如何封建，和他怎樣過不慣闊少爺的生活，因而逃跑出來讀書上進的情形，使讀者深受感動。還有一部《我在歐洲的生活》，也是他的自傳，用小說體裁寫，與《長安城中一少年》是姐妹作，讀了它，可以了解獨清留學法國是如何地在勤苦研讀，不斷地和惡劣的環境奮鬥。

獨清是個思想正確的詩人，他有像拜倫一般的天才，生就一副放蕩不羈的性格；更有與屈原一般愛國愛民的熱情，他的詩，慷慨激昂，熱情奔放，內容與形式同樣優美；寫起詩來的時候，他最講究音韻與格調，不論長詩短詩，每一首都能朗誦。有時他寫完了一首得意的詩，不管是落雪或者是下雨的天氣，他也要跑去找朋友，把詩朗誦給他們聽，以聽取對方的批評；如果朋友對這首詩有什麼意見貢獻，他一定很謙虛地接受；否則，他也要向你解釋清楚，他為什麼要用這個字或者這一句的理由，從這一點，也可以看出他對於寫作態度的嚴肅與認真。

他的前期作品如《弔羅馬》、《哀希臘》、《聖母像前》、《埃及人》、《威尼市》等詩集，充滿了頹廢、浪漫、哀感的氣氛；他自己也承認，曾經受過法國浪漫派詩人的影響很深。後來他寫作的興趣轉移到了戲劇，寫了歷史劇《楊貴妃之死》和《貂蟬》，思想也大為改變，他積極地向封建社會進攻。民國十九年，他在上海寫《晴雲》短篇小說集的時候，生活非常潦倒，那怕是大雪紛飛的嚴冬，他也只穿一件薄薄的棉袍，連一件布的罩衫都沒有；下身穿著一條他說還是從歐洲帶回來的舊式西服褲，一雙破皮鞋，已經到了空前絕後的階段；襪子，更不要說了，幾乎破得像一塊抹布，好幾次我想建議要他少喝幾杯咖啡，多買兩雙襪子；但究竟不好意思說出口，為的怕他難為情。

獨清是中等身材，圓圓的臉，戴著一副近視眼鏡，出門老是走路，很少看見他坐車。他的臉上常常充滿了淳厚純樸的笑容；然而當他沉默的時候，他又緊鎖雙眉，似乎有無限不可告人的心事在糾纏著他；又像正在構思一首為不幸的人類向蒼天呼籲的詩，他忽而站起，忽而低著頭，兩手在背後交叉著，在房子裏踱來踱去；最後終於忍耐不住內心的苦悶與不平，他握緊了拳頭重重地在桌子上一捶，然後仰望著天花板自言自語：

「他媽的！我簡直成了個皮球，他們愛怎麼踢就怎麼踢。共產黨說我是托洛斯基派，盡量地攻擊我，說我小資產階級的意識太濃厚，沒有無產階級意識；

而國民黨呢？說我是共產黨，他們像防禦小偷似的時時在注意我，防備我有什麼活動；其實呢，天知道，我什麼都不是，我既不左也不右，我是個澈頭澈尾崇拜自由民主的文人！我是個為『真理』、『正義』、『人道』誓死奮鬥的文人！我從封建家庭裏逃出來的目的是什麼？為了我自己的自由，也為了和我同命運的青年爭取自由；我捨棄了舒服的物質生活，過著和乞丐差不多的窮日子，我的生活這樣清苦，這樣夜以繼日地埋頭寫作是為了什麼？我是不怕打擊的，任何人的毀譽對我絲毫不發生影響；直至他們愈攻擊我，我愈要奮鬥，愈要拿起我的筆桿來，向這些偽善者，向這些穿著筆挺西裝坐在西餐館裏一面啃著豬排、牛排，一面大喊其普羅文學口號的普羅作家作戰！」

他好像忘記了是在別人的家裏，眼睛裏冒著憤怒不平的亮光，視線並不落在任何人的臉上，有時望著天花板，有時望著壁上，他好像得了神經病的瘋子在那裏自言自語；又像是個演說家，在對著聽眾發表他滔滔不絕的理論，停了一下，他忽然又嘆了一口氣說：

「他們這樣對待我，我倒無所謂，只是害了我許多無辜的朋友，不論是誰，只要和我一接近，他們便也成了托派，好像我王獨清滿身都帶著托派的毒菌，到一處就散佈一處似的。他媽的，這年頭，成了個什麼年頭！不講是非，沒有公理，明明是壞人，他們偏要說是好人；明明是投機份子，他們偏說他思想前進，罷了！罷了！我還是什麼也不管，只是我行我素，獨善其身吧。」

說完，真像瘋子似的哈哈大笑起來。

直到這時，我才了解他內心的苦悶，原來不是為的窮，也不是為的沒有愛人，而是過去和他一同從事新文化運動的那班朋友，思想上發生了變化，他們都以另眼看待王獨清，誰也不和他來往，還在外面散佈種種與他不利的謠言，所以他在精神上感到過度的苦悶與孤獨；他常常一個人跑去法租界一家叫做「文藝復興」的咖啡館去喝咖啡，聽音樂，有許多詩是在那裏寫成的。那時候，他很熱心地教我唸法文，他強調說法國話是世界上最柔美、音調最和諧的一種語言；可是我太笨，學了一個月，連幾句簡單的日常會話都說不好，我的性子很急，有時一個生字的發音不正確，他一連教十幾遍都不感覺麻煩，而我實在不好意思再學了。遇到這種場合，他就會老實不客氣地罵起來：「做學問，還能怕麻煩嗎？那怕讀一百遍也是應該的，讀外國文最要緊的是發音正確；否則就等於白讀。」

不久我去廈門了，從此沒有和他通信，直到二十九年我到西安，打聽獨清的消息，朋友告訴我，他已於二十七年病逝西安，從此，這位獨身一生，年僅四十，而對新文化有莫大貢獻的詩人，竟永遠地安眠於九泉之下了。

「快借幾個錢給我吧，我沒有飯錢了！」

只要我一想到他，這坦白而焦急的聲音，便在我的耳邊繚繞……

方瑋德

我和瑋德認識，是民國二十一年的秋天。那時我正在省立廈門中學執教。有一天，集美請我去講演，於是我和方瑋德、游介眉兩人認識了；因為我們都擔任國文這門功課，所以志同道合，一開始，便談得很投機。

「方先生是有名的青年詩人，不！應該說是多情詩人，他為黎小姐寫的詩，一隻箱子已經裝不下了。」

介眉女士這樣向我介紹，瑋德微笑著點點頭，默認了。

我記得很清楚，我是晚上演講的，他們招待我吃了一頓很豐富的晚餐；講完，他送我去介眉的宿舍。這一夜，我就住在介眉這裏，她是個舊詩詞做得很好的女詩人，性格有點像男人，我們談得很痛快，真有相見恨晚之感。雖是初次見面，她卻把我當做老朋友似的，連瑋德的戀愛故事也統統告訴我了，我以為瑋德會生氣的，誰知第二天，他滿不在乎地說：

「謝先生，你願意聽我的戀愛故事嗎？告訴你，這是一個沒有結局的故事：我追求黎小姐好幾年了，我的心像火一般在燃燒，她卻像一座冰山那樣冷酷，她把我獻給她的赤心在高跟鞋下面踏個粉碎；但是奇怪，她這麼虐待我，我雖然感到萬分傷心，卻一點也不恨她，我不知道這是一種什麼心理？她越拒絕我，我便越覺得她可愛，越顯得她高貴，顯得我渺小；我把她比成上帝，比成我生命的主宰，她是我生命的源泉；如果沒有她，我的精神會枯萎，我的生命會凋殘；我會變成一副沒有靈魂的骷髏；我會感覺到整個宇宙只是一片黑暗，甚至連日月也沒有光輝了。」

「謝先生，你聽，瑋德又在做詩了！」

介眉打斷了他的話，帶著幾分開玩笑的神情諷刺他。

「你看，像這麼美麗的月夜，我們從相思樹下走過，花的芬香一陣陣送進鼻來，多情的月亮，是那麼緊緊地跟著我們，假若有她夾在中間，不但我像雲中仙子一般的快樂，就是你們也會分享一點快樂吧？」

瑋德說這句話時，是那麼天真而自然，一點也沒有害羞的感覺。

「真討厭，像這類的話，我不知聽過多少遍了，真不怕難為情；第一次和謝先生見面，就左一個黎小姐，右一個她的，你不害羞，我倒替你怪難為情呢！」

介眉又在和他搗亂了。

「嘿嘿！干你什麼事？你不高興聽，你走開好了；謝先生一定了解我的痴情，她會同情我的，我相信她決不會恥笑我；謝先生，你說對不對？」

他像孩子似的睜大兩隻眼睛盯著我。

「對！對！我倒願意多知道一點關於黎小姐的故事，她現在在什麼地方？你幾時請我們喝喜酒？」

我故意提出這個問題來，以便沖淡他和介眉的鬥嘴。

「她在北平；喜酒嗎？這一輩子不要想吃了！老實告訴你，我和她將來是一幕大悲劇，我明明知道她不是屬於我的；可是我要熱烈地追求，死心塌地的去愛她，即使她把我獻給她的心丟給狗吃了，我仍然始終不變地愛她；因為我了解真正的愛是崇高的，偉大的，不需要任何報酬的，正像釋迦牟尼愛人類一樣，他只盡量付出他的愛，絕不計較從人類那裏收回多少。許多人聽了我這種愛的哲學，都笑我太傻；但我相信我是世間最聰明的人。」

說完，他自己先笑了。

方瑋德是安徽桐城人，他的父親是桐城派的繼承人，在安徽，他是個有名的詩人兼舊文學家；瑋德因為家學淵源，所以從小就在家裏打好了國文基礎。民國二十一年畢業於南京中央大學，本來應該在二十年畢業的，因為追求黎小姐的緣故，他跑去北平清華園裏住了一年，寫了一部《丁香花詩集》，因為黎小姐對他的態度太冷淡，使他實在受不住了，才跑到這山青水秀的廈門來教書。

集美中學的校長是陳嘉庚，因為經費充足，所以學校一切設備都十分完善，教員和學生住在裏面，好像過著天堂生活。瑋德除了把大部份的時間花在學生身上——替他們仔細地批改每篇作文，教他們做詩、寫小說、編壁報，餘下來的時間不是寫情詩，便是翻譯外國名著。他的詩，詞句清麗，情意纏綿；然而，一點也不肉麻，文字流利，含意深刻。

就在那年的冬天，我們和明新、郭莽西等合辦的《燈塔》文藝月刊在廈門問世了，第一篇便是瑋德的〈燈塔守者〉；他的譯筆是那麼流暢，字跡是那麼瀟灑；可惜這本刊物僅僅只出了兩期，因為沒有經費就停刊了。不久我離開了廈門，介眉也不知何處去了；只有明新和我常常見面。最令友輩感到傷心的，是我們公認為前途最有希望的詩人瑋德，在二十二年，終因吐血過多，而與世長辭了！

聽說在他病得很厲害的時候，黎小姐曾去看護他，也許是良心發現，她變得很愛瑋德，假如不死，詩人的幸福之夢，一定會實現的。

時間雖然過去了三十多年；但朋友們對於瑋德的懷念，只是與日俱增；他瀟灑的風度，直爽坦白的談吐，充滿了智慧而多情的眼睛，和他那種待朋友熱情誠摯的態度，將永遠地存在我們的腦海中。

朱自清

用不著介紹，凡是在中學的國文課本上讀過朱自清先生「背影」的人，都知道他的文章是怎樣地輕鬆，流利，而含意深刻。他從民國十三年出版「踪跡」到他三十七年八月死時為止，整整地為文藝工作了二十六個年頭：如果從他開始從事寫作時算起，已有三十年以上的歷史。他是一位對學術非常認真研究，對青年學生循循善誘的作家。他從民國十四年八月到清華大學當教授，到他死時為止，恰恰是二十三年。凡是受過他教導的人，都知道他的特殊性格：不論教書、改卷子，都非常認真，一點也不馬虎，上課時絕不遲到早退，而且每堂必親自點名；雖然他這麼嚴，起初有些學生還嫌他不應該把大學生當做中小學生一般看待；可是不久，這種心理，馬上改變過來了：學生非但不討厭他或憎恨他，反而特別尊敬他——原因是他在莊嚴中帶著和藹，因此很使青年感動。

自清先生的別號是「佩弦」，用過的筆名有「知白」、「白暉」、「白水」等。清光緒戊戌年（西元一八九八年）陰曆十月初九日，生於江蘇的江都，祖籍原是浙江紹興。民國九年，畢業於國立北京大學文科哲學門；歷任杭州、揚州、溫州、寧波各省立中學、省立師範國文教員；民國十四年至三十七年，任清華大學國文系教授兼系主任。他在講學之餘，不斷地從事寫作，散見於全國各大報紙雜誌上的論文小品，真是不勝枚舉；至於專集，已出版的有下列十五種：

(1)踪跡（詩與散文）十三年十二月出版。
(2)背影（散文）十七年十月開明出版。
(3)歐遊雜記（遊記）廿三年九月出版。
(4)你我（散文）廿五年三月商務出版。
(5)倫敦雜記（遊記）三十二年四月出版。

(6)精讀指導舉隅（論文）三十年二月出版。

(7)詩言志辨研究（論文）三十六年八月開明出版。

(8)新詩雜話（批評）三十六年十二月作家書店出版。

(9)標準與尺度（批評）三十七年四月出版。

(10)語文拾零（書評與譯文）三十七年四月出版。

(11)論雅俗共賞（批評）三十七年五月出版。

(12)語文影響及其他（論文）三十七年正中出版。

(13)經典常談（論文）三十一年八月出版。

(14)略讀指導舉隅（論文）三十二年一月商務出版。

(15)國文教學（論文）三十四年四月開明出版。

（以上(13)(14)(15)三書，係與葉紹鈞先生合編）

自清先生最早曾加入過少年中國學會，文學研究會，對於新文學，有極大的貢獻。他因為看到抗戰以後，一般大中學校的學生國文程度普遍降低，所以他致力於語文學的研究，指導青年走上文學之路。

窮與病，大概是永遠連在一道的，自清先生之死，當然要歸咎於窮。遠在二十年前，他便有了十二指腸發炎的毛病；民國三十年據說曾有一次在成都新醫院照過X光，發現有胃潰瘍的象徵，醫生勸他趕快治療；但他限於經濟沒有醫治。他常把生死問題置之度外，只以整個精神寄託在學術研究上，忘記了自己的健康。從三十七年五月起，他的身體便一天比一天衰弱，從來不請假的，如今也請起假來了；從八月六號進北大附屬醫院治療，經醫生檢查照X光的結果，斷定是胃潰瘍，終於在十二號的上午十一點半的時候，他嚥下了最後一口呼吸，含著兩顆清淚，帶著無限的傷痛與留戀，與世長辭了。

自清先生遺有四男三女，原配生四人，繼配生三人，最小的女兒，還只有十歲，在清華成志小學讀書，這是他最鍾愛的一個小寶貝；臨終時，只有朱夫人陳竹隱女士和小女兒在旁。自清先生一生廉潔清高，死了之後，發現他的口袋裏只剩七萬法幣；死後裝殮時，朱夫人把所有的箱子打開，也找不出一件沒有補過的衣服來給他穿，連住院費都是向幾個朋友借來的，在名作家裏面，還有比他更慘的嗎？

一般文人，幾乎有一種共同的性格，都不喜歡填什麼履歷表之類的東西。據說有一次北大請熊十力先生填履歷表，他只寫了「一個老翁」四字寄還；自清先生的脾氣也有點相彷彿，他從來不喜歡填表。有一次，國立北平圖書館曾請他填「作家調查表」，他回信說：「我生平不高興填表，恕不從命。」三十七年秋天，我因為想寫一本作家印象記，又寄去一張，並附有一封很誠懇的信，仍然請他填，他回信說：

「本來我最不喜歡填表；但當我講授某個作家作品時，很難找到他的資料，對學生無從介紹，現在你要做個詳細的調查，我很贊成，希望這本書趕快出版，我一定先預約一本。」

不知道他是不是預知不久於人世，他填的表比任何作家都要詳細，連某年某月在某某學校教書，某年某月離開，都寫得清清楚楚，本文關於自清先生的履歷及著作，即根據他親自填的表而寫的。

自清先生的記憶力特別好，只要點過兩三次名的學生，都能記得。有一次，一個男學生沒有請假不來上課，第二天，自清先生在走廊上看見他的背影，就叫道：

「××，昨天你為什麼缺席？」

嚇得那學生面紅耳赤，連說「對不起！對不起！」自此以後，便沒有人敢逃課了。

自清先生不但上課如此認真，改起作文來，更是連一個標點也不放過，有一次，他和俞平伯先生談到作文應否改得很詳細的問題；俞先生不贊成改得太多，理由是：學生往往只注意到作文分數，而不去仔細看老師的修改和評語；自清先生卻大大地反對，他說：

「我有一個學生，已經十多年不見了；忽然有一天他來看我，他說：『老師，我給您帶來了一份禮物，您猜猜，是什麼？』我回答他：『你不要買禮物，太破費了，我心裏不安。』『我知道老師一定猜不著的，哪，您看。』說著，他從皮包裏，拿出一本厚厚的作文簿來，這是我在中學教書的時候替他改的，如今他已由大學畢業，也在教中學了；真想不到我改的作文，他視若珍寶地保存得好好的。」

「那只是千萬個學生裏面的一個特殊例子罷了。」平伯先生反駁他：「據我知道的是大多數學生，都是不把老師辛辛苦苦改的文章當做一回事的，不信，我來給你看一件事實。」

於是平伯先生立刻叫人去巷口買一包花生米；誰知包花生米的，正是一篇作文。

「怎麼樣？這不是鐵一般的事實！告訴你，大多數的作文，都是拿來包花生米的，所以我主張，不要改得太詳細了。」

「不！這現象，也不過是千萬人中的一個特殊例子罷了。」自清先生仿照平伯先生的口吻說：「大多數的學生還是歡迎多改的；不管怎樣，各憑良心，我是始終主張要詳細地嚴格地修改的。」

在這一點，我也有和自清先生一樣的看法，一樣的作風。曾經不知有多少次別人勸我不要改得太多，一來學生不高興，二來他們根本不看，白費精神；但我決不相信真有這樣的學生，我斷定他們一定會重視修改，多少會受到一點益處的。

當自清先生住在北大醫院的時候，我去看他兩次，一次遇著他正在睡覺；一次只和我談了句話，他的病容很不好；可是他還勉強打起精神問我：「《黃河》還在繼續出版嗎？我病好了，一定給你寫文章。」

可惜第三天他就一病不起；而我也因應師院之聘來臺灣，只得讓《黃河》停刊了。

自清先生永別了人間，他的軀殼雖已火化成灰，被裝在一個小罈子裏；可是他的精神是寄託在他的著作上，影響了千千萬萬的讀者，永垂不朽，永遠在文壇上放出燦爛的光輝。

朱湘

偶然在《友聯文選》上，看到朱湘先生的遺作〈採蓮曲〉，使我回憶起三十多年前的往事來：

「朱湘自殺了！」當我從一個朋友那裏聽到這個不幸的消息時，我的心突然感到一陣冰冷，雖然我們只有一面之緣；但他的印象刻在我腦海中的卻是那麼鮮明。說得過火一點，他很像一個女人，舉止是那麼斯文，說話的聲音很低，不論什麼動作都很遲緩，據說他寫的字，也像女人寫的一般娟秀，端正。他是一個絲毫不苟的詩人，天生成他一副詩人的頭腦，和孤高的性格。他的中年生活，完全和詩聖杜甫一樣窮困潦倒，可憐他窮得連飯都吃不飽，衣服穿不暖，他的太太劉霓君女士從郵局裏寄給他的棉袍、皮袍都送進了當鋪。有一次，他沒有錢買船票，從南京到了上海，茶房不許他下船，後來他把行李押在船上，茶房跟著他到趙景深家裏借錢。在這個時候，他的心裏自然感到萬分難過，其實更難過的還在後頭呢！因為天氣太冷，他實在不能忍受，他走了不遠，又回來向趙借了五元買棉袍。在美國留學的時候，自己做飯、洗衣，每天在那麼忙於寫作翻譯之餘，還每星期至少給太太寫一封纏綿的情書，每月給太太寄二十塊美金回來維持她們的生活。

「他為什麼要自殺？」當時好幾位朋友都這麼懷疑，甚至還有人猜他也許是為了戀愛問題，我則斷定他是為窮！

朱湘的祖籍是安徽太湖，他生於湖南沅陵，所以名湘，字子沅，一九〇一年生，一九二四年畢業於清華大學。也許是詩人太敏感的緣故，他不滿意自己學校的功課，卻常常跑去北大聽講，因為曠課太多，學校不許他畢業，後來經過了幾番交涉才通融辦理，允許他遲一年畢業。

民國十六年（西元一九二七年）他隻身到了美國，太太帶著兩個兒子小沅和小東，時而在妹妹的婆家寄居，時而在尼姑庵裏借宿。朱湘心裏一面念著愛妻和兒子，一面又要研究學問，內心的痛苦和矛盾可想而知。他在那部《海外寄霓君》的情書集裏面，充滿了對家庭對朋友的愛，也充滿了對國家對人類的愛。他很想在美國考了博士才回來；但為了經濟，也為了情感，他終於在一九三〇年的春天回國了。回國後，任安徽大學英文文學系主任，學校裏嫌這名字太長，改為英文學系，他很生氣，不久就憤而辭職。那時安大還欠了他幾個月的薪水，一直到他離職很久才陸續地匯來。

在這段時間裏，他的生活最困苦，整整地失業了一年半，他在安慶生的那個不滿一歲的孩子，因為沒有奶吃，又沒有錢買奶粉，就這麼哭了幾天幾夜，活活地餓死了。

這時候，霓君為了丈夫失業，非常著急，自己很想學門手藝，好解決生活問題；於是就在勝家縫紉公司學習機器刺繡，還準備回到湖南去開一個湘繡公司；誰知這個美麗的夢剛剛開始，便被朱湘投江的噩耗打得粉碎了！

朱湘是一九三三年二月由上海乘吉和輪到南京去，買了一張三等票，他告訴太太，說三天內就有信來的，五號的早晨六點，他就投江自殺，遺下一口皮箱，一件夾袍；幸而夾袍口袋裏，有他自己的一張名片和他太太的地址，吉和輪的賬房趕快寫了封信通知朱太太，說是屍首已經撈不著了。霓君計算日子，恰好是三天，可見朱湘的自殺，是有計劃的。

這一個慘痛的噩耗，不但破碎了霓君的心，也使朱湘所有的朋友都感到悲傷，就是那些和他素不相識而愛讀他作品的讀者，也為之悽然下淚。

朱湘是一個最有天才又肯努力向上的詩人，最初他的作品發表在《晨報副刊》上，後來在《小說月報》上也常看見他的詩，已出版的有《夏天》，《石門集》，《草莽集》，《番石榴集》，《望北斗集》等，譯有《英國近代短篇小說集》，《希臘悲劇》等。

大凡一個天才文人，性格都有點古怪的，朱湘也不能例外。他對於藝術特別認真，一點也不馬虎，這可以由他對於自己的著作，由設計封面到編排校對，一切都要照其自己的意思做去，不許有絲毫更動這一點上，可以看得出來。他的第二部詩《草莽集》的封面，據說是自己設計的，這是一幅圖案，彷彿一個人在水裏游泳，有人說，這正象徵他的投江自殺。當他在芝加哥的時候，有一天晚上夢見掉在水裏，霓君跳下水去把他救起來，現在回想起來，這也是他最後命運的象徵。

朱湘的死，並不是突然的，在他執教安大的時候，就時常和太太吵起架來，這就是所謂「貧賤夫妻百事哀」了。朱湘為了過去欠了朋友的債還沒有還清，如今又欠上了新的債，他滿以為留學回來，生活一定要舒服一點；可是他的性格又處處不能適應環境，連別人刊載了自己的文章，他去取稿費都不願意，自然這是他吃虧的地方。

有一次他和太太打架，把太太逼得要回娘家，朱湘見太太真的走了，連忙從船上把她拉下來；並且向她百般賠禮，答應太太，從此以後再不發脾氣，還再三囑咐女傭人，千萬要好好侍候太太，什麼事都不要使她操心；然而過了幾天，壞脾氣又重新發作了，好在霓君了解他的性情，也不和他計較。朱湘有一次在寫給霓君的情書裏說明他過去其所以發脾氣的原因，令人看了感到萬分難過：

「我受了外面的氣，負了一屁股的債，又要籌款留學。」接著又寫：「回國以後，我要作一個一百分好的丈夫，要做一個一百分好的父親。」可恨這些話還沒有兌現，他就追隨屈原，永別了這無情的社會。一直到今天，我還在掛念著霓君和小東、小沅，不知他們的生活如何維持？他們兩個應該早已由大學畢業了吧？我為他們祝福。

冷波

「接到你六月十五日來信，真使我有說不出的難過。生活就像一條毒蛇似的噬著我們每一個從事於正義工作者的身心；你知道我們的個性多少有些相同，那就是願意咬緊了自己的牙關硬挺著幹，也絕不會而更不願出賣我們自己的人格去同流合污，也許這正是我們所以窮苦的原因；但在這種窮苦之中，我們也不能否認是有著一種甜蜜蜜的樂趣的，你說是嗎？……」

這是三十七年六月十七日冷波在瀋陽寫給我的信；那時他們一家八口流落在瀋陽，生活窮得幾乎到了要當乞丐的地步，我拜託兩位朋友照應他們，還替他的大女孩子找到了一個類似勤務兵的工作。由他的信裏，也可以看出他們困苦的一斑。信內又說：「長春這幾天戰局又似乎好轉了，假若可能，我還是要把曼娜和孩子們都接到那邊去，那怕是再窮苦，我也願意站在風暴裏活著，我的確不願意逃避，因為這種活法，(也許是死法) 比較更有趣味，更有意義些。」

不幸，他這封信發出去不久，長春就淪陷了，他只得在一家報館擔任記者，還在某個中學兼任英文。當我離開北平的前兩天，還接到他們來信說，正在排演《國家至上》，我心裏想：冷波真是被話劇迷住了，無論在任何艱難困苦的環境之下，他總不離開自己的崗位一步；十八年來，他把全部的精神，所有的心血，都花在寫劇本和導演上面。他瘦得像一副骷髏，兩頰顴骨凸出，兩眼深深地下陷；有時為了寫劇本或者排戲，常常一連三四天不睡覺，也不吃飯。他的眼睛終於因了用力過度的緣故，瞎了一隻，當我聽到這個消息的時候，我很替他擔心。雖然他只剩下一隻眼睛了；可是他的信還是寫得那麼詳細，筆跡也和過去差不多，我這才放心了。

提起冷波，只要是民國廿七年在中條山作過戰，廿九年以後在西安住過的人，沒有不知道他的名字的。那時候，西北的劇運，可以說是他和戴涯幾個人在領導，後來兩人因為意見不合，各人組織了一個劇團到處公演，受盡了顛沛流離的痛苦。冷波因為老家還住在哈爾濱，所以三十六年他便拖著妻子兒女一大群，好容易由西北回到了瀋陽；誰知哈爾濱已經換了朝代了，變成了共匪的天下，他們只得在瀋陽住下來。他們的生活，一直是窮苦的，當冷波和他的太太趙曼娜都在西安戰幹團工作的時候，他們常常斷炊，也許這是藝術家的通病，有錢的時候，痛痛快快地吃一頓，喝一個酩酊大醉；沒有錢的時候，連窩窩頭也啃不上，他們並不後悔這種做法，在他們自己看來，固然很有羅曼諦克的趣味，只是苦了那六個孩子，常常餓得哭的哭，叫的叫；尤其當他們的爸爸媽媽出去演戲的時候，那怕是孩子發燒到四十一度，他們也照例不理的。有時候，我非常生氣，把曼娜痛罵一頓，她說：「我有什麼辦法呢？我不是不愛我的孩子，為了生活，也為了工作，我有什麼力量來顧到家呢？」

這聲音，我不知聽過多少次了，現在偶然回憶，曼娜的聲音好像還在我的耳邊響著似的。

冷波的真姓名，叫做李樹柏，民國前二年十二月二十七日生於河北省樂亭縣，後來落戶於吉林省哈爾濱市，曾在瀋陽文匯大學文學院肄業，上海藝術大學教育系畢業。民國二十一年的秋天，他參加唐槐秋的中國旅行劇團，次年組織冷燕社，曾在北平天津一帶公演，二十四年任上海天一影片公司導演；二十六年春天，他和戴涯組織中國戲劇協會。「七七」事變後，他帶了三十幾位愛好話劇的青年到山西中條山從事戲劇宣傳工作，組織血花劇團；二十九年離開前線，回到西安，與戴涯等合組「戰幹劇團」，曾公演二十個大名劇，這是西北劇運的盛況時期，後來他們又旅行寶雞，漢中，天水，蘭州一帶公演，無論走到什麼地方，沒有不受當地軍民熱烈歡迎的。

冷波編的劇本很多，而且每一個都曾經上演過，演出的效果都很好；其中《祖國的吼聲》一劇，真是轟動了整個西安。舞臺佈置，完全像電影似的變化很多，而"Dark Change"又特別快，觀眾看了，沒有不感到新奇而高興的；加之西安的青年劇場，又是破天荒第一個活動舞臺，因此每次演出的效果都很好。

這裏，是冷波曾經出版過而且上演過的十二個劇本：

(一)保家鄉(二)張店之夜(三)戰士(四)七月祭(五)怒潮，以上為獨幕劇。

(六)祖國的吼聲(七)死守中條山，以上為四幕劇。

(八)梅子姑娘(九)風(十)燕兒雙飛(十一)捍衛祖國(十二)狂歡之夜，以上為五幕劇。

冷波對於寫作，是非常認真的。其中《死守中條山》和《張店之夜》，都是在《黃河月刊》上連載之後才出書的；凡是朋友對他的批評，沒有不接受的。《梅子姑娘》一劇，是根據我那篇小說〈梅子姑娘〉而寫成的；起初他希望我們兩人合寫；但我缺乏舞臺經驗，所以由他起草，對話的大部份採自小說，他願意盡量保留小說的本來面目，我覺得他未免太客氣了。演出的時候，因為服裝全是和服，引起了觀眾莫大的興趣，看完，我和朋友都覺得第五幕有幾處地方還得修改，把意思貢獻給冷波，他立刻接受改正，像這樣忠於藝術，虛心接受朋友建議的人，實在不可多得。

曼娜長於演悲劇，她演《雷雨》中的魯媽最成功，不知賺來多少觀眾的眼淚。冷波喜歡喝酒，喜歡在酒後彈他的「吉他」，只要我一回憶到他的時候，那憂鬱而淒涼的調子便彷彿在我的耳邊響著……

李青崖

提起李青崖先生，我就難過，內心裏深深地感到慚愧！他是我中學時代的國文老師，僅僅為了他沒有替我改作文，我就懷恨在心，後來寫《女兵自傳》時，在「作文打零分」這段文字裏，還描寫了他一大段，現在想來，我實在太孩子氣了，為什麼那麼小氣，老師有老師的苦衷，為什麼我不能原諒他呢？

事實的經過是這樣的：大約是民國十三年的秋天，學校裏請了研究莫泊桑小說的專家李青崖先生來教我們的國文，當我最初得到這個消息的時候，真是歡喜若狂！我想有了作家來教我們，不用說，我們的作文一定特別有進步；於是在第一次作文的時候，我就把寫好了的一個短篇小說——〈初戀〉繳了卷。

這篇文章大約有一萬字左右，內容描寫一個中學女生愛上了一個有文學修養在大學攻讀的男生，這是一種至高無上的靈的愛，她不願任何人知道，更不願對方知道。在描寫女主角心裏上的矛盾，以及情感與理智的衝突，異性的愛與家庭的愛衝突這幾點上，我覺得還馬馬虎虎過得去，滿以為李先生一定會詳細地替我批改的；誰知一個月過去了，始終沒有看見我的作文簿子發下來，這自然會使我失望。當我質問他的時候，他淡淡地回答我：

「你們年紀還輕，不應該寫那麼長的文章，應從簡潔入手，最好寫五六百字一篇的文章。」

「我有那麼多的材料寫，那又怎麼辦呢？」我問他。

「你應該控制你的感情，控制你的思想，不要寫那些拖泥帶水，嚕哩嚕嗦的文章。」

從此我對李先生不發生興趣了，甚至連他選給我們讀的《波華茘夫人傳》（編按：今多譯為《包法利夫人》），我也懶得讀了，其實這是根本錯誤的。

《波華茘夫人傳》是法國自然主義的始祖福羅拜爾（編按：今多譯為福樓拜）的代表作，我們每個愛好文藝的青年，都應該仔細讀它，好好研究的；但我那時完全是孩子脾氣，喜歡意氣用事。因為李先生始終沒有把那篇文章退還給我，從此我再也不繳作文，到一學期終了，結算成績時，我的作文是零分，全班同學大為驚訝，她們不懂其中的內幕，一直到看了《女兵自傳》上那篇文章，才知道原來如此。

民國三十二年的春天，我經過重慶回湖南掃墓，在通遠門的山坡上，忽然遇到了將近二十年不見的李青崖先生。他的背很駝，眼睛也似乎更近視了，穿著一件很舊的咖啡色的綢棉袍，扶著拐杖，正在一步步地很艱難地爬坡，我一望到他的背影，就斷定是他。

「李老師，還認識我嗎？」

我連忙搶前一步，向他鞠了個躬。

「你，你好像是謝鳴岡吧？」

他把眼鏡略略地往上面移動一下，注視著我問。

「正是，李老師的記憶力太好了！」我興奮地回答他。

「好極了，好極了，真想不到我們會在這個坡上遇著，二十年了，二十年真不算短，你現在到那裏去？我就住在前面那座小樓上，可以上去歇一歇嗎？」

聽了他那親切的聲音，我一面感到愉快，一面感到慚愧，我覺得對李老師太沒有禮貌了，過去不體諒他的忙，而僅僅為了他沒有改我的文章就恨起他來，我在內心裏向他懺悔；但又不好意思說出口來。

我跟著他上了樓，就在他那間書房兼客廳和飯廳的房子裏坐下來，談著二十年前的往事。

「聽說你在一本書上寫了一篇文章罵我；但我至今沒有看到。」

李先生微笑地望著我。

「我太孩子氣了，真對不住李老師，請您千萬別把那件事放在心裏，否則我真慚愧得無地自容了。」

「沒有關係，沒有關係，年輕人都是如此的，我自然不會計較。」停了一下他又帶著無限的感慨說：「你現在也有好幾個孩子了吧？唉！人生，人生真像一場夢！」

就在那夢一般的相遇，夢一般的心境裏，我了解李先生的寬宏度量，了解了他的慈愛心腸。他始終是個獻身於文學的作家，他過著極其清苦的生活。房子裏除了堆滿了《莫泊桑全集》，桌子上除了譯稿，原稿外，什麼也沒有。由他，我記起了福羅拜爾對莫泊桑說的一句話來：

「你要把生命獻給文學。」可以說這是對李先生的寫照。

李先生一生研究福羅拜爾和莫泊桑的作品，這種精神使我崇拜，更值得我學習。

李先生原名李允，青崖是他的筆名，一八八六年生於湖南湘陰，一九一四年畢業於比國列日大學理學院。回國以後，曾任省立湖南大學教授；湖南省立第一女師、周南女校國文教員；國立同濟大學附中校長；國立中央大學，湖南大學，上海復旦大學以及私立中國公學，大夏大學等校教授。

雖然李先生入的是理學院；然而他富於熱情，愛好文學，他是英國文學研究會的會員，譯作很多，二十餘年來，不斷地在全國各大報紙雜誌上發表，已出版的，在著作方面有：

一、上海（短篇集）

二、一九三五年的世界文學（論文集）

譯作有：

一、波華茘夫人傳

二、莫泊桑小說集（三本）

三、橄欖田集

四、天外集

五、藝林外史

六、波納爾之罪

七、莫泊桑短篇小說全集（九冊）

八、饕餮的巴黎

林庚白

回憶起來，已是三十多年前的事了。我記不起和庚白第一次認識是在什麼地方，只記得在上海「一二八」抗戰爆發不久，我們就搬到了他住的地方——法租界霞飛坊三十三號的樓下。他做了我的二房東，我們每天至少要見一次面，談起話來，上自世界國家大事，下至販夫走卒，無所不談。他的談鋒又是那麼健，常常一連繼續兩三個鐘頭，毫無倦容。有時我聽得打呵欠了，他嘴裏一面說著「你應該休息」；一面卻還在滔滔不絕地談他的話。使我和朋友聽了最感興趣，而他也談得特別起勁的，是關於他的戀愛故事：

「我追求張小姐，已經好多年了，她有時好像愛我，有時又拒絕；這種若即若離的態度，使我最痛苦，最傷腦筋。有一次，我買了好幾樣東西，特地由上海搭車送到南京，她的姐姐太豈有此理，居然要她的妹妹不接受，而把禮物丟在門外邊；還有一次更豈有此理，我去看張，恰遇著她的姐姐和朋友在打牌，我把大衣掛在他們的衣架上，還沒有坐下去，她的姐姐居然把我的大衣從窗口丟出去；幸好有警察在站崗，馬上拾了起來，否則我不是白白丟了一件外套嗎？那傢伙太混蛋，太混蛋，簡直一點人性都沒有！……」

庚白罵著，從嘴上噴出許多白沫來。

「庚白，她這樣對待你，你難道不生氣嗎？」

聽完上面的故事，我有意諷刺他。

「當然很生氣；不過這是她的姐姐呀！至於張小姐本人，對我倒是很好；如果沒有她的姐姐從中搗亂，也許我們的戀愛早已成功了。」

一面說，一面在他屋子裏來回地踱著，有時望望窗口，看見有女人走過來，他會很興奮地說著：

「快來！快來！告訴你，張小姐正和她一般高矮，只是身段還要苗條一點。她比我高，我是很奇怪的一個人，不是愛一個比我高大的人，便要愛一個比我矮小的人，我不願意我們兩人一般高。」說完，他自己先笑起來。

「林先生，如果張小姐始終不接受你的愛，你怎麼辦呢？」

有次連老實的珊英，也開起他的玩笑來了。

「不接受，我還是這麼愛她！你們那裏知道，我在她的身上花了不知多少錢，費了不知多少心血，寫了很多的詩和情書，一點也不能打動她的心，真是怪事！假若她將來嫁了別人，一定要後悔的；因為任何男人決不會像我一樣這麼痴心愛她，死心塌地的愛她，我要再接再厲，決不灰心……」

「又在自我宣傳了，庚白，我從來沒有聽你說過自己有缺點的話。」

我故意插了一句，想氣氣他。

「那裏，那裏，我自然有許多缺點；但我的優點，比任何男子要多，比方我愛清潔，我能把衣服燙得很平，把被窩摺得很整齊，把房間打掃得連一點灰塵也沒有；我了解女人的性情，什麼女人喜歡穿什麼顏色的衣服，吃什麼菜，看什麼電影，我都知道。那個女人如果嫁給我，真是她一生的幸福；假若她病了，我會體貼入微，連她的××帶，我都可以替她洗……」

聽到這裏，我們都忍不住哈哈地大笑起來，很自然地又想起了他有一首新詩（我們叫它打油詩，但他不承認。），裏面有「我願意做你的××帶」的那一句話來。

的確，庚白是這麼一個坦白而天真的人，他的心事一點也不隱瞞，喜歡赤裸裸地說出來，不但對於他自己的私事如此；就是對於別人也是同樣不客氣，是好就說好，是壞就說壞，他批評起某人的為人或者作品來，從不當面說好，背面說壞的。

講到愛乾淨，他是個有潔癖的人，到人家屋裏去，總是害怕凳子骯髒，站著不敢坐；假如有事，要談很久，他就先用手帕把凳子擦了又擦，才敢坐下；遇著有客人來訪，他總是把煙灰缸、痰盂準備得好好的，生怕你吐痰在地板上；

有時遇到和他很要好的朋友，故意惡作劇地乾咳一聲，他連忙把痰盂端過去。桌子上、地板上，抹得一塵不染，光可鑑人；床上鋪蓋疊得整整齊齊和軍隊中被窩的豆腐乾式一模一樣，不論春夏秋冬，老是喜歡穿長衫，走起路來，大有瀟灑風流的派頭。

庚白原名學衡，字眾難，一八九八年生於福建閩侯，後入江蘇籍。畢業於北京大學，曾任中國大學及俄文專修館的法學教授，眾議院及非常國會的秘書長。他的國學造詣極深，特別喜歡新詩，曾著有《庚白詩存》、《走那一條路》、《赤裸裸的我》，還寫了一本小說叫做《玉女士》，是敘述他和那位在南京的張小姐戀愛的經過；可是從來沒有看見出版。他的舊詩做得很好，胡寄塵所選的《南社叢選》，陳石遺所選的《近代詩鈔》，以及胡樸菴選的《國粹叢刊》，都極推崇庚白的作品；最有趣的是庚白常常自己在別人面前誇獎自己是第一等天才，說杜甫的詩還不及他的好。了解他的朋友，都知道這是他的個性，喜歡誇大，目空一切，毫不足怪；有時一個和他初次見面的人，聽他說自己如何有天才，那幾首詩或者那一篇文章，寫得如何好如何好的時候，就看不起他，因為他太自誇，太驕傲；其實這正是他與眾不同的地方。他一生坦白，赤裸裸地毫無半點虛偽，常把他十八歲時就和許金心女士結婚，後來感情不合，精神如何痛苦的事告訴別人。他的女孩子常來看他，他對朋友說：「我不喜歡太太；但我最愛我的女孩子。」問起他們夫妻不和睦的原因來，就是說三天三夜也說不完，簡單地講，因為思想不同，所以在感情上常起衝突，終於在民國十八年離了婚。廿六年與林北麗女士結合，林女士很會做舊詩，柳棄疾先生曾收為女弟子，常指導她寫作，稱她為中國最有希望的女詩人。

自從淞滬抗戰結束，我離開上海之後，就沒有會見過庚白，也聽不到一點關於他的消息。二十七年的春天，我在重慶，突然有一天朋友告訴我庚白住在青年會的家庭宿舍裏，我連忙去看他，有一個面目清秀的女人躺在床上，原來她就是林北麗女士。

「庚白，你有了這麼美麗的太太，現在你不再叫苦悶了吧？」

我說著，他高興地笑了。

「我現在很幸福，很幸福！不久，她就要生孩子，我又要做爸爸了！哈哈！」

「庚白，你們結婚還沒有請我喝喜酒哩，是分開請，還是等生了小寶寶之後再一塊兒請呢？」

「隨便，隨便，今天你如果有空，今天就先請你吃結婚酒吧。」

我那天因為還有別的約會，坐不到半小時就匆匆地走了，唉！誰知道這一分別竟成了永訣呢！

三十年的十二月，太平洋戰爭爆發了，無情的日本軍閥的炸彈，竟把庚白的性命葬送在香港！北麗的右臂，也受了重傷，在醫院中躺了一年多才治好。從此這位天才詩人就這樣為國犧牲了，文化界損失了一個有力的戰士，友輩中失掉了一個耿直忠誠的朋友，怎不叫人痛心呢？

郁達夫

一

這是一篇很久想寫而始終沒有動筆的文章，原因是郁先生死得太慘了，我一想起他被暗殺的事，便恨起日本軍閥來；又因為自己也是身受過其害來的，思想很快地就轉了方向，文章寫不出來，可以說，這是個大原因。

我認識郁達夫先生，是在民國十七年的秋天。中等身材，瘦瘦的個子，穿著一件深藍色的布大褂，活像個算命先生。不管是老朋友，新認識的，見面總是先向你笑笑，然後伸出手來和你握得緊緊的。

「郁先生，久仰！久仰！」

我學著大人的語氣在應酬他。

「那裏，彼此！彼此！」

說著，他笑了，這一笑，真使我感覺怪難為情，因為那時拙作《從軍日記》的中文本剛剛出版，我是個初出茅廬的年輕姑娘，和他們這些已經成名的作家在一塊，我不但有點靦覥；而且總覺得自己是一個學生，根本不應該參加這種集會的。

「我住在法租界赫德路××號，歡迎你來家玩，我有很多的酒請你喝，你能喝酒嗎？」

我們相見還不到十分鐘，談話不過二十來句，他突然這樣對我說。

「謝謝！改天我一定來府上拜訪，久仰郁先生有海量；可惜我不會喝酒。」

「呵，我想起來了，你喜歡吃糖，花生米，還有牛肉乾。」

他緊接著我的話說，引得大家都笑了。

正在這時，一個大腹便便的肥胖中年男子走進來了，郁先生連忙站起來趨前和他握手：

「資平，十幾天不見，你又發福了！」

「誰和你一樣，老像個鴉片煙鬼！」

郁先生把張資平介紹與我認識，我只站起來照例點了點頭，因為對於這位以描寫三角戀愛、多角戀愛起家的「作家」，我是不敢恭維的。

「謝小姐真的不會喝酒嗎？」郁太太王映霞女士，在吃飯前，忽然這樣問我。

「會一點點，」我回答她，「家父和家母很能喝酒；可是我不敢喝，害怕醉了出醜。」

想不到這幾句話，把我害苦了。在這次上海作家的聚會上，好幾位老前輩勸我喝酒，我說：「我滴酒不嚐，吃菜的大王！」映霞在旁邊替我更正，她說：

「謝小姐府上有遺傳，酒量很好！」於是大家採取攻勢，我不得已喝了十來杯。

二

為了想要多知道一些作家寫作的經驗，了解他們的家庭生活以及寫作環境，我終於一個人鼓著勇氣去拜訪郁達夫先生。

「請坐，請坐，來得正好，我剛寫完一篇文章，我們來喝酒好嗎？」

我剛進門，他就指著屋角的酒瓶對我說。

「謝謝你，我真的不會喝酒，那天晚上回去，差一點嗚呼哀哉了！」

我回答他，三個人都笑了。

這是一間多麼特別的房子呵！四周圍都被酒瓶子、書報、雜誌，堆得滿滿的，桌子上也是亂七八糟，煙盒、煙盤、稿紙、墨水、書……。

「謝小姐，達夫是浪漫慣了的，他的書桌，我一天不知要替他收拾多少回；

可是不到十分鐘，又恢復原狀了，你說氣人不氣人！」

「要這樣，郁先生才有靈感寫小說呢。」

「對！對！這是經驗之談，我看你老兄恐怕也是我的同志吧！」

我們都哈哈大笑起來，我尤其笑得特別厲害，並不是笑他的口頭禪「老兄」，而是一下被他猜中了，我的桌子上從來沒有好好收拾過的。

「看了這些酒瓶，就知道郁先生的海量，李白斗酒詩百篇，你的小說，是不是在大醉之後完成的？」

我開始提出問題。

「不！酒醉後能寫詩，卻不能寫小說。」

「你寫的小說人物，都是真實的嗎？」

「真的！」

「郁先生，請你恕我冒昧，我對於大作《沉淪》，有點不敢恭維。」

「請你多多指教，不要客氣。」

「我覺得《沉淪》太『那個』❶了，對於青年，可能有不好的影響，郁先生，請你原諒，我不會說話，你該不見怪吧！」

說完，我又後悔自己太膽大，太冒失了；如果對方不接受，反而把我教訓一頓，怎麼辦呢？

「不！不！不但不見怪，而且要感激你，我知道你是很爽直的，有湖南人的精神，我也知道《沉淪》寫得不好，挨了許多人的罵，他們罵我頹廢，墮落，黃色；其實我不過把青年真實的生活描寫出來，也沒有想到還有這麼多讀者，有時，我也很想不讓他出版；但是版權已經賣給人家，不能由我作主了。」

他的回答，是這麼出乎我意料之外，我覺得他一點也不驕傲，沒有絲毫架子，拿「平易近人」四個字來形容他，是非常恰當的。

這天，我真的在他那裏喝酒了，下酒的東西是花生米和小小豆腐乾。

---

❶「那個」，是湖南口語，凡是不便直說出來的話，都用這兩個字代替。

「你喜歡什麼酒？貴州的茅臺？四川大麯？山西汾酒？紹酒？威士忌？白乾？……」

他像背書似的說了一大堆酒名。

「我喝點葡萄酒吧，別的不敢嚐。」

「葡萄酒等於是紅糖水，太沒有酒味，我們來喝紹酒吧。」

郁太太的酒量和我差不多，我們一面喝，一面隨便聊天，沒有範圍，沒有系統，雖然這是我們第二次見面，他好像把我當做多年的老朋友，居然叫起我的名字來了。

「謝小姐，你不要見怪，達夫是個放蕩慣了的人，他喜歡叫朋友的名字，你不在乎吧？」

映霞連忙向我表示歉意。

「那裏，那裏，我最喜歡人家叫我名字，郁太太，請你不要再叫我小姐好嗎？」

「好，也請你別叫我太太好嗎？」

「對，冰瑩是花木蘭，怎麼你叫她小姐？映霞，你也是個新女性，不要叫你太太，大家都叫名字，多麼痛快！哈哈哈！我們三人同時乾一杯！」

郁先生首先端起杯子來，一飲而盡。

「達夫不喝酒時，沉默寡言，喝了酒，話就沒有完的時候，他認為一生最高興的事，就是朋友來和他對飲。」

聽了映霞的話，知道我是沒有資格常來這裏的；因為是初次拜訪，所以我不敢多打擾就告辭了。

以後，見面的機會比較多了，使我了解達夫先生是個熱情，曠達，博學多才，不修邊幅，喜歡熱鬧，愛交朋友的人。他愛映霞，真是一往情深，體貼入微；後來映霞突然情變，他受的打擊太大，許多人以為達夫是個浪漫的文人，盡人可妻，不應該有什麼痛苦；然而事實證明，王映霞抛下三個兒子出走以後，他流著眼淚寫過很多情意纏綿的詩和情書，希望打動對方的心弦，使她有一天翩然歸來，結果呢？絕望了！

三

二十六年（西元一九三七年）的冬天，我正在東戰場為傷兵服務，突然有一天晚上，一個團員跑來叫我：

「團長，軍長請你去，說有老朋友來看你。」

「他姓什麼？」

「是個鼎鼎大名的作家。」

我莫名其妙地跑去軍部，一進門，只見和軍長對談的，原來是郁達夫先生！

我向他行了脫帽鞠躬禮，他連忙站起來和我握手。

「很多年不見，想不到在火線上遇著了！」他興奮地說。

「郁先生升官了，我早幾天在報上看見你來前方慰勞的消息，真高興，你要多給我們的將士，多寫幾篇文章宣傳宣傳呵！」

我帶著開玩笑的口吻說。

「你又恢復雄赳赳的女兵了！我真不該穿長袍來到前線的，所以到處都有人挖苦我，其實我也和你們一樣，已經把生命許給國家了！」

寫到這裏，我的心忽然難過起來，當時他說話的聲音，彷彿還在我的耳邊繚繞，他那帶著嚴肅的笑容，還清晰地映在我的腦子裏；然而如今他的生命，早已為國犧牲了！

我記得很清楚，那時他是福建省政府的參議，有很多人不諒解他，說他平時寫文章老是罵做官的人尸位素餐，只拿乾薪，不替老百姓做事，如今他自己也做起官來了。遇到有人談起這個問題時，我總不願意參加意見；因為我知道一個文人的性格，是愛好自由的，作家去做官，一定不會長久，除非他永遠放棄寫作，完全改行。

後來事實證明，不久達夫先生就離開了省政府，仍舊恢復了他的流浪生涯。

此後我再也沒有機會見到他，直至抗戰勝利，我回到上海，在一本雜誌上，讀到他的遺囑，才知道他被殘暴的日本軍閥暗殺了，真令人傷心！

四

四十七年到了南洋以後，連續讀過溫梓川先生編的《郁達夫南遊記》和李冰人先生編的《郁達夫集外集》，可見一般愛好文藝的朋友，殷殷以達夫先生為念，雖然他去世十多年了，他的愛國精神及其作品是長久存在，永遠不會磨滅的；達夫先生九泉有知，也應該含笑無恨，因為敬仰他的讀者，正在一天一天增加，他留下的作品，也愈搜集愈多了。

五

達夫是浙江富陽人，一八九六年生。當他在杭州第一中學肄業的時候，就開始愛好文學；一九一一年去日本，入東京高等學校肄業，在校四年，據他自己說，讀了一千餘部西洋文學名著；後來轉入東京帝國大學以後，更加熱愛文學。一九二一年，《沉淪》出版，這是一部描寫青年病態的書，曾受到文壇的指摘與批評。

一九二二年達夫從日本回國，第二年，受北京大學之聘，擔任文學教授，後來又轉到武昌大學，廣州大學教書。

一九二六年回到上海之後，他整理《日記九種》出版，其中記載著他與王映霞戀愛的經過，非常詳細，生動。本來，他是個非常消極的文人，自從得到美人青睞後，把他從頹廢中解救出來，還記得他在《雞肋集》的題詞上寫著：

「在黑暗中摸索了半生，我似乎找到光明的去路了！」

在當時，不但他視王映霞為光明的使者，而且是一切幸福的泉源；想不到後來因為嫌貧愛富，王映霞終於琵琶別抱，拋棄了丈夫和愛兒。

郁達夫先生的著作很多，茲就其重要者介紹如下：

達夫全集，共有六種：

第一集：包含短篇小說十一篇

第二集：包含短篇小說八篇

第三集：包含短篇小說及小品文十八篇

第四集：收集文藝論文、小品文、譯文

第五集：收集藝術論文及批評介紹等

第六集：短篇小說

除此之外，還有長篇小說《迷羊》，及《日記九種》，論文方面有〈小說論〉，〈文學概論〉，〈戲劇論〉等；翻譯有《拜金藝術》，《歐美小說選譯》等。

胡適

我第一次知道胡適這個名字，還在我讀高小的時候，那時二哥在山西的進山中學教書，他寄了一本胡適譯的《世界短篇小說集》和《新演講集》給我，看後使我大開茅塞。如莫泊桑的〈殺父母的兒子〉和都德的〈最後一課〉、〈柏林之圍〉，太使我感動了！雖然這是我生平第一次接觸到真正的新文學，並不了解它的好處，只覺得它不像舊文學一般的晦澀難懂，看的時候，並不要你像讀古文似的查《辭源》，查典故，所以，我便懷著一種新奇而愉快的心情，一口氣看完了這兩本書，馬上又介紹給別的同學看，但她們並不像我一般感到興趣。

第二年，我考上了湖南省立第一女師，才尤開始大量地看新文藝，像胡適的《嘗試集》和俞平伯的《冬夜》等都是我最喜歡看的書。其中以胡適的〈除夕詩〉和〈我們的雙生日〉，完全用通俗的國語寫成，不但容易懂，而且非常有趣，現在把後面一首抄在下面，由此可知他和他的夫人江冬秀女士感情之深。

我們的雙生日（贈冬秀）

他干涉我病裏看書，
常說：「你不要命了！」
我也惱他干涉我，
常說：「你鬧，我更要病了！」
我們常常這樣吵嘴——
每回吵過也就好了。
今天是我們的雙生日，❶
我們訂約今天不許吵了！

我可忍不住要做一首生日詩，
他喊道：「哼！又做什麼詩了？」
要不是我搶的快，
這首詩早被他撕了。

在這首詩裏的「他」當係「她」字，但在最初的新文學，「他」與「她」，以及代表動物或其他東西的「牠」都不分的。像這種完全和說話一般的新詩，不但在當時遭受到道學先生們的反對，就是現在也何嘗沒有人反對呢？不過，社會上一切事情，往往都是如此，有贊成的，一定就有反對的，不管社會的阻力如何大，新文化運動到底是蓬蓬勃勃地展開了！到了今天，雖然只有短短的四十多年的歷史，但新文學已發展到最高的形式，小說、詩歌、散文，一天比

❶ 這詩是民國九年做的。胡適這年的陽曆生日——十二月十七日與冬秀的陰曆生日十月初八恰好是同一天，所以叫做「雙生日」。

一天進步，戲劇、電影更是收到了良好的效果。新文學能夠有今天的成績，對於「五四」時代那班為提倡白話文而與封建勢力奮鬥的勇士們，是應該欽佩而感激的。

胡適原名洪騂，譜名嗣穈，字適之。他從小便有研究性，反抗性。在中國公學讀書的時候，主編《競業旬報》，就是一個無神論及社會改革者。他用過的筆名有鐵兒，天風，希疆，藏暉，H. S. C.，期自勝生，Q. V. 等。一八九一年生於上海大東門，中國公學畢業後，考取留美官費，先在康乃爾大學得文學士，再在美國哥倫比亞大學攻讀，得哲學博士學位。他是中國新文化運動的首創者，民國四年陳獨秀創辦《新青年》雜誌，民國六年一月，胡適在《新青年》上發表〈文學改良芻議〉，對於中國的八股文，駢文，律詩等陳腔濫調，攻擊得體無完膚。這篇文章發表之後，青年受他影響的很多，他說要把中國的死文學變為活文學，因此惹起了林紓等人拼命的反對，罵適為妖孽；胡適的新詩裏面有「兩個黃蝴蝶」一句，黃侃以為是罵了他，於是就叫胡適做「黃胡蝴蝶」。他們認為提倡白話文，是一件無法無天、罪大惡極的事，因此一切的壓迫都向他們的頭上逼來。好在真理只有一個，自由是人人喜愛的，因此新文學畢竟衝破了重重困難，在艱苦的環境之下奠下了它堅固的基礎。胡適的著作很多，最著名的是《胡適文存》（共分四集），《中國哲學史大綱》上卷，《白話文學史》，〈五十年來中國之文學〉等，至於他的《嘗試集》是中國文壇上第一本用白話寫的詩集，更是大家所知道的。

胡適的思想雖然這麼新，但他有舊道德觀念，他始終愛著受父母之命結婚的太太，而且感情又是那麼好。冬秀女士的腳還是「改組派」，矮矮的個子，臉上老是泛著笑容，她是一個典型的賢妻良母，勤勞，節儉，待人和藹誠懇，使人感到特別親切。

冬秀女士還有一個特點，她不像普通一般庸俗的女人希望丈夫做大官，自己好享受舒服的物質生活，她最不高興丈夫做官，希望丈夫仍然繼續研究學術的工作，她說從北平逃出來的時候，什麼東西都沒有帶，只帶著胡適的《水經注》和其他的手稿出來。

附錄一

南港之夜

追憶與適之先生一夕談

五十年九月十七日的下午三點，王雪艇先生的太太坐了黑色的轎車，來接雪林去南港。本來我只想送雪林去，幫她把行李安頓好了之後，當晚就要回來的。

「那邊房子很多，你在那裏住兩天不要緊；可是你要學校補封公函去，我是早就辦好了手續的。」雪林說。

「好的，就這麼辦。」我回答她。

車子開到了胡先生的門口，大司務忙出來搖手說：「先生正在睡午覺，不能會客，請你們到山上去休息，等下再來接你們。」

他說話的態度非常有禮貌。我們到了學人宿舍，楊希枚、徐芸書兩位先生已在等候了。

「胡先生今晚請你們兩位先生吃飯，此刻他正在休息，兩位先去看看房間好嗎？」

徐先生說完，馬上領我們上樓。我和雪林各有一間，中間有一道門，已經打開了，等於我們兩人住在一間大房裏。潔白的被褥，潔白的床單，使人一見便有一種清潔、雅致之感。一隻大書桌，兩把沙發椅，衣櫃，自來水臉盆，冷開水，茶盤，茶杯，一切都準備好了。據說這座學人宿舍，自從建築到今天，還沒有住過女客，我和雪林算是第一批。

「住在這裏，真是太舒服了，我情願到中央研究院來做個工友，也不想回去了。」

我開玩笑地說，徐先生連忙接著說：

「這裏因為是南港最高的地方，晚上站在欄杆上望天上的星星、月亮，看街市燈光夜景，非常美麗。」

「還有，這是鄉村，一看見這些青青的稻田，心裏就舒服。」

楊先生補充說。

我們先把帶來的東西放好，然後下樓坐在客廳裏聊天。

這是一間可以容納五六百人的大客廳，也是個開會放映電影的公共場所，為了紀念蔡元培先生而建築的；一提起蔡先生的名字，我的心裏便肅然起敬！真要感謝文化界老前輩的努力奮鬥，為我們的新文化，開闢了一條光明燦爛的坦途。

六點半鐘的時候，胡先生打發司機開了車子來接我們。

「這麼近，我們自己走去好了；還坐車子，真不好意思。」

我對雪林說。

「對，我們自己走去，不要坐車子。」

司機連忙說：

「因為下毛毛雨，胡先生特地要我來接兩位先生，請兩位務必坐車子去。」

「胡先生太好了，連這點小事，都要他操心。」雪林說：「我這次來南港，真不願意打擾胡先生；沒想到一來就要他請客，真難為情。」

「我們吃完飯就走，不要和他多說話。」

我與雪林相約。

進了胡先生的客廳，他一再向我們道歉說，下午對不起，沒有迎接我們，並說沒有什麼好菜款待我們，要請我們多多原諒。

胡先生愈客氣，愈使我們感到不安。

進了飯廳，只見桌上擺滿了佳肴，有炒腰花，紅燒鴨子，炸鹹魚，炒菜心，白菜粉條豬肝湯……

「醫生吩咐我吃清爽一點的素菜，不能吃油葷，因此沒有好菜招待你們，請不要見怪。」

胡先生一面說，一面用筷子夾腰花給雪林和我兩人。

「腰花炒得很嫩，是我們大司務的拿手好菜，你們要多吃一點；還有鴨子、鹹魚，我都不能吃，這是特地為你們準備的。」

「我很久沒有吃到這麼美味的鹹魚了，今晚我要多吃一碗飯。」

雪林說著，三個人都笑了。

因為鹹魚就放在雪林面前，她吃起來比較方便，所以吃得特別多。

那晚，我記得很清楚，胡先生吃了一碗飯，兩碗湯和許多腰花、青菜，還有我敬給他的一小塊鴨子。

「我真希望常有朋友來陪我吃飯！」胡先生說：「有客人來，我的精神高興，飯量就會增加；要是一個人吃飯，真沒有意思。」我說。

「不過，您太累，不能多說話，還是一個人清清靜靜，多休息休息的好。」

他連忙否定了：

「我很好，已經恢復了健康；你們兩位想在這裏住多久？上面吃飯如果不方便，就來我這裏吃好了。」

胡先生馬上把一天三餐開飯的時間告訴我們，雪林連忙接著說：

「謝謝老師的盛意，我們不敢多打擾。冰瑩是送我來的，她明天就回臺北；我大概還要住一個星期，想找點參考資料。宿舍有包伙食的，我在那裏吃飯很方便。」

「那麼，我也不勉強你，什麼時候你高興來我這裏吃飯，到時候，儘管來好了，千萬不要客氣；我這裏也有不少參考書，你們隨時來看好了。」

飯後，還每人吃了一片金黃色的甜木瓜。

在客廳裏，柔和的燈光，照耀著我們，胡先生一分鐘也不休息地找出許多話來和我們談，他從書房裏拿出一大堆書送我們：有《新文學運動小史》；《國語文法概論》；《師門五年記》等。還有幾本是借給我們看的，胡先生說：

「你們兩人今晚假如沒事，就請看看這兩本書，一本是大陸出版的，一本在臺灣發行；兩本書的內容大致差不多，都是罵我的，把許多罪都加到『五四』運動上去，也就是說，我不該提倡新文化的。」

「假使不是您提倡國語的文學，現在的中小學校，恐怕都在讀八股文呢！」我插了一句，胡先生和雪林都沒有說話，同時發出一聲深沉的嘆息。

「胡先生，您看了這些罵您的文章不生氣嗎？」

我忽然發出一個愚問，彷彿出自一個孩子的口吻。

「不生氣！不生氣！由他們罵去吧，反正罵不倒我。」

我真佩服胡先生的寬宏大量，他不像魯迅一樣，只喜歡人家給他戴高帽子，捧他為「中國的高爾基」；如果有人批評他的文章或為人，他馬上就寫文章回罵，絲毫也沒有修養。

我素來不愛看罵人的文章，記得胡先生回國時，有人發行一本《胡適與國運》，希望用這卑鄙的方法來毀謗胡先生，我始終沒有看。我隨手翻看《師門五年記》，這是胡先生的學生羅爾綱作的，胡先生把它帶到美國，又從美國帶回來，自費替他出版，這樣的好老師，我生平還只遇到一個。

我們談的話太多了，從七點一直談到九點；這時有位我不認識的先生來說：

「對不起，請兩位先生原諒，胡先生該休息了！」

我和雪林，正想告辭，胡先生連忙搖手說：

「沒有關係，沒有關係，好容易護士小姐不在這裏，我們可以多談談，機會難得。唉！這幾個月來，你們不知道，我什麼時候打針，什麼時候散步，什麼時候休息，都要受限制的，一點自由也沒有，真苦死了。」

「為了老師的健康，應該多多休息。」

雪林說到這裏，馬上站起來，胡先生趕快做手勢叫她坐下，並且說：

「剛才我的話還沒有說完，雪林，你太偏見，你反對孟子，我是贊成他的；研究學問要客觀一點，不要太主觀。」

雪林笑了，後來回到宿舍她還在說：

「胡先生是我的老師，我很尊敬他；但是有些地方我們兩人的意見不一致，我還要堅持我的主張，我是不贊成孟子的。」

胡先生的書房，整潔而有秩序，書架上每一本書都是那麼放得整整齊齊。為了查一個字的讀音，我向他借《辭海》，當我查完送回原處的時候，他忙走進房來說：

「插在原來的地方，不要放錯了！」

「不會的，您放心。」

我口裏回答著，心裏想：這麼芝麻大的事，他也要操心，可見他平時待人處世，做學問的認真了。

時間已經過了九點，這是我們和他談得最長的一次，也是最後的一次；十二月十五日我們去臺大醫院看他時，只說了兩三句話就出來了。唉！早知胡先生要與我們永別，那天晚上再多談談就好了。

寫到這裏，我忽然聯想起一件有關他愛護青年的事實來：

那是三十七年的秋天，左傾學生受共匪的指使，在北平鬧得天翻地覆，常常開會遊行，喊出「反饑餓、反迫害」，要求「自由、民主」的口號，北大、清華、燕京的左派學生，更是越來越猖獗；有一天，我到北大去，看見學生佈告處，貼著一條「打倒胡塗博士」的標語，我問胡先生看到沒有，他笑笑說：「看到了！」

「您不生氣嗎？為什麼不撕掉它？」

「由他去！」胡先生回答我：「如果我胡塗，就真該打倒；不胡塗，他也打不倒我。」

我們都哈哈大笑起來。胡先生的話又幽默又有力。

北大有一部份職業學生，鬧得整天開會不上課，胡先生站在愛護青年的立場，只有惋惜，只有勸導他們，從來不想用高壓手段來對付他們。這樣一位有修養、能夠原諒別人、寬恕別人的仁厚長者，共匪居然在大聲疾呼地「清算胡適思想！」在臺灣，也有少數人在「圍剿」他，不知道他們是何居心？

所謂「蓋棺論定」，胡先生的軀殼，雖然和我們永隔人天；但他的精神，永遠永遠地存在我們每個景仰他敬愛他的人的心裏！他留下的「文學的國語、國語的文學」運動，還須要我們繼續努力，徹底完成！

附錄二

追念適之先生

二月廿五日的清晨，我剛洗好了臉，站在馬祖南竿的中興招待所客廳裏，悵望著黯淡的天空；忽然段主任走進來，用低沉的聲音輕輕地說道：「告訴你一個不幸的消息：適之先生去世了！」

「怎麼？胡先生去世了？不會的！」

我的心一怔，睜著一雙大眼，注視著段主任的表情。

「是昨天下午六點二十五分在南港舉行酒會時暈倒的。」

「真的嗎？」我還在懷疑。

「真的，我從廣播聽來，等一會兒，你就可以看到報紙了。」

我描寫不出當時的感情，我傷心，我想痛哭；但我還有理智，這不是我痛哭的地方，我盡力壓抑著悲哀，使眼淚不流出來。

這時候，我和段主任都低著頭，相對無言；不久，《馬祖日報》送來了，每人有一份。

「呀！胡先生死了！」

「真的嗎？」

「真的！」

「唉！……」

「唉！……」

從此，沒有話聲，只有低沉的悲哀的嘆息。

在飯廳裏，聽不到一句談笑的聲音，偶然有談話的，也是有關胡先生的生活和為人，大家認為他是累死的，剛出醫院不久，就參加教育會議，主持院士會議，他不應該這樣拼命的；也有人說：「胡先生死得其所，他生平最佩服蔡元培先生，如今死在元培紀念堂；而且有這許多朋友、學者為他送終。」

「胡先生畢生為文化工作努力奮鬥，如今死在他工作的崗位上，他和戰死沙場的將士一樣偉大，精神永遠不死！」

我想說這幾句話；可是沒有說出口來。

這一天，我們照著政治部安排好的節目一項項進行，我心裏非常難受，恨不得馬上回到臺北去瞻仰遺容；後來知道要到三月二日下午才大殮，我又放心了。

晚上，我吃了一顆安眠藥，絲毫不發生效力，我又失眠了！

我想起了去年和胡先生幾次的會晤，他的影子清晰地出現在我的眼前：

從馬來亞回來之後，天天想去拜訪胡先生；因為去拜訪他的客人太多，一直到五十年二月三日的下午才實現，這是早幾天就約好了的。

下午，我乘中央研究院的交通車去南港，胡頌平先生和我坐在一條凳上，他說：

「胡先生今天上午有個講演，午飯後，照例要休息一下，您去，先不要看胡先生，我陪您參觀民俗和古物兩個展覽室好不好？」

「好的，一定遵命。」我回答他。

參觀完了之後，去看胡先生，我大為驚訝，他比五年前我在蔣夢麟先生家看到他時消瘦多了，也蒼老多了。頌平先生怕我和胡先生多說話，他一再地說：「胡先生昨晚一夜未睡好，上午又去演講，他太累了！」

「不累！不累！我們好多年不見了，多談一會兒，不要緊！不要緊！」

誰都知道，胡先生是個最健談的人，他又特別喜歡朋友，從來沒有只和人談幾句話就送客的；因為外子達明曾在北大醫學院任教，同時兼任秘書，所以胡先生特別關懷他，問了許多話，連我的兒女在那裏讀書，學什麼？幾年級？

他都要仔細詢問；還告訴我他在美國的緊張生活。頌平先生一直站在一旁著急，我們大約談了十多分鐘，我連忙站起來告辭，他要我再坐一會，我為了怕他太累，留下一本紀念冊，請他題幾句話勉勵我，他說：

「寫好了，馬上給你送來。」

果然，第二天，中央研究院的信差把紀念冊送來了，還有一張胡先生在二十三歲時照的相片。

十月九夜在西山

許久沒看見星兒這麼大，

也沒覺得他們離我這麼近。

秋風吹過山坡上七八棵白楊，

在滿天星光裏做出雨聲一陣。

這是胡先生為我題的詩，旁邊還有一行小字：

「似是二十年十月的殘稿，寫給慈瑩女士

胡適五十、二、三」

慈瑩是我皈依慈航法師時的法名。

過了兩個多月，我又寄去一張宣紙，請胡先生為我題字；同時也請頌平先生寫一張，胡先生這回用毛筆寫了下面幾句話：

「種種從前，都成今我，莫更思量更莫哀。從今後，要怎麼收穫，先怎麼栽。」

這是他四月二十日給我留下的筆跡，我將永遠珍藏著，永遠記著他的格言：

「要怎麼收穫，先怎麼栽。」

在去年二月五日我的日記上寫著：

「昨天適之先生就把紀念冊著人送來了，還送了我一張他二十三歲時照的相片。他是個非常有信用，絲毫不苟，認真負責的人。每天手不釋卷，他說讀書才是休息，真令人欽佩，我要學他。」

十二月十五日，這一個終生難忘的日子，我和雪林去臺大醫院特一號病房看胡先生，一上樓，只見一群新聞記者被擋駕在門外，我心裏暗暗著急，我以為今天不可能見到胡先生了；幸虧雪林忙對頌平先生說：

「我和胡先生早就約好了的，今天特地從臺南來看他。」

頌平先生說：「對不起，遵醫生囑咐，不能接見任何人！」

「我們例外，我們是約好了的！」

我和雪林同時說。

沒法，頌平先生只好進去問胡先生，果然得到他的特許，我和雪林高興極了，趕快走進去和他握手，他很愉快地說：

「謝謝你們掛念，我好多了！好多了！謝謝！謝謝！」

雪林站在外邊，準備走，又不想走，我說：

「胡先生，我們來看您，您不要說話。」
「沒有關係，既然進來了，就多談兩句吧。」
我們為了怕消耗他的精神，只得悵惘地出來，青來她們都羨慕我們能見到胡先生，唉！誰知道這就是我們最後的一面，最後的一握呵！

三月一日的上午，在冷雨淒淒中，我把「痛失導師」的輓聯送至殯儀館，一看到胡先生的遺容，我的眼淚滾滾而下，不覺放聲大哭起來。我彷彿看見他在微笑，我要走近他，見他最後一面——最清楚的一面；可是被人拖住了，原來四周都是鋪的鮮花，我不應該去踐踏，我惟有再用模糊的淚眼向他凝視，多麼傷心的最後一面呵！

在計程車裏，我讓眼淚流個痛快之後再去看胡師母，錢太太囑咐我：「你看見老太太，千萬不能哭，只要見一面就好了。」

我自然不敢哭，真的只見了一面就讓她回房間休息，我們在客廳裏繼續談胡先生二十四號下午開會的事。

唉！適之先生，酒會已經完了，您為什麼還要說話呢？也許您是太高興了！您含笑而去，難道就不想想成千成萬的人為您而傷心落淚嗎？

安眠吧，適之先生。一個不平凡的人，應該有個不平凡的死！您的新文化種子播下四十多年了，現在已長成高大無比的喬木，一天比一天結實壯碩，您應該感到高興，感到安慰。您的精神永在，正氣長存！我不為您流淚了，我要為您祈禱，祈禱您在天之靈舒適安寧！

五十一年三月二日黃昏

附錄三

適之先生的生平和他的著作

適之先生，生於民前二十一年十二月十七日，歿於五十一年二月二十四日下午六點二十五分，享年七十二歲。

適之先生，自幼聰敏過人，八歲時，即能自修讀書，清光緒三十年赴上海，先入梅溪學堂，繼進澄衷學堂，最後考入中國公學，每次考試，名列第一。宣統二年，考取官費留美，入康乃爾大學農科，因與興趣不合，不久改習文科，先後以論文得勃朗寧獎金及柯生獎學金；嗣改入哥倫比亞大學，有名的哲學家杜威博士是他的老師，著有《先秦名學史》一書，得哲學博士。

民國六年，適之先生回國，擔任北京大學文科教授，努力從事白話文運動，著《中國哲學史大綱》上卷，他的《文學革命論》，《文學改良芻議》，及白話詩《嘗試集》等出版以後，引起了全國文化界注意，有贊成他的，也有反對他的；可是他的主張終於在中國得以闡揚光大。

民國十五年赴英出席中英庚款全體委員會，十六年回國，十七年，就任中國公學校長，次年被推為中華文化教育基金董事會董事，民國二十年擔任北京大學教授兼文學院院長。七七抗戰爆發，他正在廬山出席會議，嗣赴美宣揚抗戰國策。

民二十七年九月任駐美大使，因為適之先生在學術界地位的崇高，受到美國朝野一致的敬重，對於戰時外交的貢獻很大，抗戰勝利後，出任北京大學校長，三十五、三十七年兩次國民大會，均被選為國大代表，並被推為大會主席。

三十七年底，共匪進據平津，適之先生以「苦撐待變」勉勵華北軍民，在北平陷落前夕，政府特派專機接他南下，不久即赴美講學。四十一年十一月及四十三年二月，曾兩次返國講學，四十六年二月在美國施行胃潰瘍割治手術，四十七年四月返國，出任中央研究院院長。

適之先生很早就有心臟病；但為了工作，常常到深夜還不得休息。四十九年三月九日發生近年來首次心臟病，進入臺大醫院休養，不久康復出院；五十年二月二十五日舊病復發，再入臺大醫院，至四月二十二日出院。

胡夫人江冬秀女士於五十年十月十八日自美返臺，十一月二十六日，適之先生又感不舒服，三進臺大醫院，並在院中度過他的七十一歲生日，至五十一年一月十日始出院返家靜養。

二月八日全國教育會議，適之先生也參加了，二月二十四日中央研究院舉行第五屆院士會議，由適之先生主持，那天他太興奮；加之太累，身體還沒有復原，他從上午九點開會到十二點，會後，招待院士午餐，下午五點又接著舉行酒會慶祝四十九年度和五十年度的新院士，在他很高興地致辭之後，就倒在地上不起了！

從此，這位名滿全球的學者，永遠地在南港山上休息；然而他的學術思想和愛國愛民的精神，是永垂不朽的！

最後談到適之先生的作品，真是太多了！拿「著作等身」來形容，的確是名副其實，現在將他自己所著，以及與他人合編的分別介紹於下：

中國哲學史大綱（卷上）

世界短篇小說集（選譯）

嘗試集（新詩）

胡適文存（一、二、三、四集）（第四集原名胡適論學近著）

章實齋先生年譜（即先秦名學史）

戴東原的哲學

詞選（選編）

白話文學史（上卷）

廬山遊記

神會和尚遺集（校編）

胡適文選

中國中古思想史長編（前九章，油印本）

淮南王書

中國文學史選例（卷一古代）

中國中古思想史的提要（十二講）

四十自述

中國文藝復興

南遊雜憶

中國新文學大系：建設理論集（選編）

藏暉室劄記（即胡適留學日記）

中國也正為保衛一種生活方式而戰（英文）
我們必須選擇我們的方向
胡適的時論（一集）
胡適言論集（甲編－乙編）
丁文江的傳記
中國新文學運動小史
水經注手稿
胡適之先生詩歌手迹
西文著作二百三十七篇
和別人共編校的：
新學制國語科教科書（初中用，與顧頡剛、葉紹鈞、吳研因合編）
人權論集（與梁實秋、羅隆基合著）
哲學的改造（與唐擘黃合譯）
張菊生先生七十生日紀念論文集（與蔡元培、王雲五合編）

齊白石年譜（與黎錦熙、鄧廣銘合著）

臺灣紀錄兩種（與羅爾綱合校編）

適之先生，一生為新文化努力奮鬥，他所主辦過的刊物很多，最著名的有下列九種：

一、競業旬報

二、留美學生季報

三、新青年

四、每週評論

五、努力週報

六、現代評論

七、新月雜誌

八、大公報星期論文

九、獨立評論

馬仲殊

已經有二十多年不見仲殊了，腦子裏常常想念他；尤其在遇到一個痳子的時候，更會想起他那張長長的淳厚的臉譜來。

也許這是我小時候，受了家庭教育的影響，心裏老記著這樣的話：「十個痳子九個怪。」所以當我第一次和他見面時，不免也有這種錯誤的感覺，以為和他相交，感情不會好的，原因自然為了他是個痳子。

後來因為興趣相同的緣故，我們常常見面，他是個不苟言笑，非常謹慎的人，不但說話處處留心，寫起文章來的時候，更是一個字也不馬虎。他待人和藹誠懇，尤其對比他年輕的朋友們，他視如小弟弟小妹妹，事事關心，處處指導，所以大家叫他「大哥」，其實在年齡上，他比我只大五歲；但在學問上，他是我的老師。

最初，他是喜歡寫小說的，《週年》，《太平洋的暖流》，《兩難》，都是小說集；後來也許因為適應青年的需要，他寫了《中學生文學》，《中學生小說作法》。他編的《文學概論》，《現代中國文學思潮》，翻譯的《小說作法綱要》比較精確可靠。

對於修改學生的作文，他和我有相同的意見，如果一個中學生畢了業，文字還沒有寫通，國文教員應該負責任；做教員的，不但應該用種種方法引起學生對國文的興趣，鼓勵他們多寫；而且自己更要多替他們修改，好好指導他們閱讀課外書籍，引導他們於不知不覺中走上文學之路。

為了我們是志同道合的朋友，所以一見面便談文學，說起話來的時候，他慢條斯理地說得使你娓娓動聽，雖然他是江蘇灌雲人，普通話卻說得很好，我們有時叫他「麻大哥」，他不但不生氣，反而嘻嘻地微笑著接受。

作。

除了同朋友談話，他恐怕從來也不休息的，不是改卷子，便是看書或者寫

仲殊畢業於南京高等師範教育科，後來又轉到東南大學，得教育學士；歷任浦東中學、無錫中學等國文教師。

陳鐘凡

如果記憶力不太壞，凡是讀過「中國文學批評史」的，我想沒有不知道陳鐘凡先生的吧？

先生字覺玄，一八八七年生於江蘇鹽城，當我第一次見到他的時候，不覺大吃一驚！因為他的滿頭白髮，幾乎找不出一根黑的，那純白的程度，彷彿蓋上了一層雪；可是很奇怪，雖然快到六十歲了，他的精神非常矍鑠，走起路來，仍像年青人似的健步如飛。

那時他住在四川成都華西壩廣益學舍一座小小的平房裏，一共有幾間，我並沒有留意，兩間看來是覺玄先生的書房兼客廳；同時也是臥室的小房間，的確有點嫌太小，三四個人在裏面，就覺得擁擠不堪。房間裏的陳設，也很簡單，只有一桌、一床、一椅；床上有一半面積堆滿了書，其餘一半留給客人當做凳子坐。桌上、窗臺上和地板上，到處擺滿了書。

「你看，我對待客人太刻薄了，連凳子都沒有一條，各位不嫌棄，就請在書上坐坐吧。」

陳先生笑著說。

「書上有孔夫子，怎麼可以坐呢？」

我說著，大家都笑了。

覺玄先生個子中等，很瘦，長長的臉孔，鼻梁上架著一副無邊的高度近視眼鏡；一件藍布長衫，一雙布鞋，表現出他的樸素和艱苦。從表面看來，還以為他是個非常嚴肅，道貌岸然的老學究，等到你和他說話以後，才知道他是一位特別和藹可親的長者；儘管他忙得不可開交，來了客人，他也要立刻放下書來和你親切地說一會，絕不現出很忙的樣子，也絕不讓你懷著高興而來，帶著失望而去。因為這個緣故，不但朋友們喜歡到他那間小屋裏去擺「龍門陣」，就是他的學生們，也很高興向陳老師請教許多問題。

有一次，我們正在說到成都文壇要怎樣才能活躍的時候，有兩位金女大的學生來找他，請他看一些壁報的稿子，他居然把每一篇從頭至尾仔細地看了一遍，我看錶，足足花了他半個多鐘頭。

兩位小姐走了之後，我問陳先生：

「您這麼忙，還常常為她們修改稿子嗎？」

「我改得並不多，既然她們來找我，就得仔細看看，提供一點意見；要不然，人家不是白白地跑一趟嗎？」

由他這幾句短短的話裏，看出他是一個多麼負責、認真的人，拿循循善誘，誨人不倦來形容他，是再恰當沒有了。

真沒想到，一位在文壇上對於舊文學有過精深研究的老作家，是這麼愛護青年，獎勵青年從事新文藝習作的。他當時是金女大的國文系主任，他所選的教材，都是與時代有關的，他非但不提倡作文言，而且也並不喜歡學生光看舊書，向牛角尖裏鑽；他希望學生吸收古今文學的精華，捨去古今文學的糟粕。記得我和朋友辦的《文境月刊》出版的時候，陳先生替我們寫了一篇白話文，這是一件出乎我意外的事；在我的腦子裏，總以為陳先生是一位國學專家，他一定不喜歡新文藝的；誰知我這想法根本錯了！一個思想與時俱進的人，絕不能拿年齡大小和研究學問的對象來估計的。

陳覺玄先生的著作很多，如《古書讀校法》、《諸子通義》、《漢魏六朝文學》、《韻文通論》、《中國思想史》、《中國文學批評史》等，我最喜歡看《文學批評史》這部書，文字簡潔而含意很深，他運用科學方法去分析，判斷古今各派的文藝特點，頗有獨到之處。

在治學方面，陳先生更是我們的模範，既淵博又精深，他那種手不釋卷，樂道安貧的精神，是我們每個青年都應該崇拜，應該學習的。

徐志摩

「你要不要見見徐志摩？」

有一天下午，庚白忽然問我。

「我倒想看看陸小曼，是不是她有傾國傾城的容貌？」

我回答他。

「當然，見到志摩，就可以見到小曼，他們出門，總是在一塊兒的。」

「你這是什麼意思？難道要我到馬路上去等他們？」

「不！不！」他連忙解釋：「他們常常到文藝復興咖啡館去，我們也去，不是可以遇到嗎？」

果然，有一次，我們在咖啡館遇著了；而且經過庚白的介紹，我們還談了二十分鐘的話。

白白的皮膚，長長的臉，鼻子很大，下巴稍為嫌長，穿著一件咖啡色的夾綢袍，戴著一副黑邊眼鏡，看來他是那麼瀟灑，那麼隨和，我們彷彿一見如故似的很談得來；再看坐在他對面的陸小曼女士，生得眉清目秀，薄薄的嘴唇，整齊潔白的牙齒，那一對會說話的眼睛特別美，說得過火一點，有攝人心魂的魅力，怪不得徐志摩先生那麼愛她，為她傾倒，為她犧牲一切在所不惜。

「小曼，你看冰瑩像不像女兵？」

徐先生指著我說。

「謝小姐真勇敢，能夠上前線。」

小曼微笑時的姿態，特別美，特別可愛。

我記得我們的談話告一段落後，他們先走了，庚白就把他們兩人的故事說給我聽。

「志摩和小曼，本來沒有資格結合的，因為一個是使君有婦，一個是羅敷有夫；不過愛情的力量，是可以衝破一切阻礙的，所以他們終於達到雙宿雙飛的目的。」

接著他又告訴我：小曼的丈夫叫做王賡（字受慶），曾畢業美國西點軍校，英文造詣很好，能翻譯很流利的文章，真是文武全才，比小曼大七歲。他們的婚姻，是由雙方家長包辦的，從訂婚到結婚，不到一個月。王賡是個事業心很重的人，他曾做過哈爾濱警察廳廳長，孫傳芳五省聯軍總司令參謀長。他只顧向外發展，忘了閨中的美麗妻子，需要照料，需要安慰，正在這個時候，在北平某次宴會中，徐志摩和陸小曼認識了，他們真是有緣，一見彼此傾心，從此兩情繾綣，如膠似漆，再也分不開了。

「我還聽說，志摩與小曼是在一同演過《春香鬧學》之後才熱戀的，不知道對不對？」

「對，小曼那時演春香，志摩演老學究，想不到這老傢伙，人老心不老，他竟愛上了小丫頭。」

庚白故意開玩笑地說。

「憑良心說，小曼是可愛的，她美麗聰明，沒受過正式教育；但她的英文很好，還會說法語；而且說得非常流利，又會唱崑曲，唱戲，跳舞，演戲，怪不得志摩喜歡她。」停了一下，庚白又接著說：「不過有一點不好，小曼好出風頭，揮金如土，喜歡捧女戲子，不是賢妻良母那一類典型。」

的確，小曼的生活太奢侈，只顧享受，貪圖目前的快樂，從不想到一粥一飯，當思來處不易。志摩為了要滿足她的慾望，所以拼命賺錢，由上海兼課到北平，終於死在飛機上，不能不說是為了愛情而犧牲。

雖然，我與徐志摩、陸小曼夫婦，只有一面之緣，而印象是很深的，這因為志摩的文章寫得太美，小品文像一首詩，一幅畫；關於他們兩人的戀愛故事，報紙雜誌上常常登載，所以一見如故。

有關志摩的生平，梁實秋先生，和胡適之先生知道得很詳細：他的名字叫做章垿，是浙江硤石人，父親徐申甫，是當地的首富，在上海經商。志摩從小過著養尊處優的生活；但他並沒有染上公子哥兒的壞習慣；相反地，他是個很努力上進的青年，最初入硤石開智學堂就讀，十五歲入杭州府立中學，二十歲與張幼儀女士結婚，生了個兒子；第二年，考進國立北京大學，兩年後（民國七年）留美，入克拉克大學社會學系，後又畢業於英國劍橋大學，回到北平，即擔任北平《晨報副刊》主編。

志摩是一位最熱情，最得人緣的人，梁實秋先生說，他在數十年中，見過的人不少；但從來沒有一個像徐志摩那麼討人喜歡的，他讚美志摩有：「豐富的情感，活潑的頭腦，敏銳的機智，廣泛的興趣，洋溢的生氣。」胡適之先生也說：「志摩所以能使朋友這樣哀念他，只因為他為人整個的只是一團同情心，只是一團愛。」

愛與同情，構成了志摩的人生觀，他沒有嫉妒，更沒有仇恨，所以陳西瀅先生說他是朋友中間的連索，一個人，得到少數人的喜愛、崇拜，是不足為奇的；假如人見人愛，就不簡單了。志摩好比中藥裏面的甘草，什麼場合都少不了他。無疑義地，他是個天才詩人，天才作家，他寫過小品文、小說、戲劇、從事過翻譯，每一種都有優良的成績表現，林語堂先生特別讚美他的詩和散文，他說：

「志摩，情才，亦一奇才也，以詩著，更以散文著，吾於白話詩念不下去，獨於志摩詩念得下去；其散文尤奇，運句措辭，得力於傳奇，而參以西洋語句，了無痕跡。」

記得我第一次讀他的〈我所知道的康橋〉，就覺得他的小品文充滿了熱情，充滿了活力，詞句是那麼美，儘管他是注重修飾的，可是看不出雕琢的痕跡，例如〈再別康橋〉：

輕輕地我走了，

正如我輕輕地來；
我輕輕地招手，
作別西天的雲彩。

那河畔的金柳，
是夕陽中的新娘；
波光裏的艷影，
在我的心頭蕩漾。

輭泥上的青荇，
油油地在水底招搖；
在康河的柔波裏，
我甘願做一條水草。

那榆蔭下的一潭，
不是清泉，是天上的虹；
揉碎在浮藻間，
沉澱著彩虹似的夢。

尋夢？撐一支長篙，
向青草更青處漫溯，
滿載一船星輝，
在星輝斑斕裏放歌。

但我不能放歌，
悄悄是別離的笙簫；

夏蟲也為我沉默，
沉默是今晚的康橋！

悄悄地我走了，
正如我悄悄地來；
我揮一揮衣袖，
不帶走一片雲彩。

為了我太愛這首詩，也為了這是很多讀者喜歡的一首詩，所以我特地抄在這裏。

志摩是個愛美，愛自由的人，印度大詩人太戈爾來中國訪問，他擔任翻譯，還兼導遊。有人說他和謝冰心的詩都受了太戈爾的影響，連新月書店也與太戈爾的《新月集》有關。這是一個新興的書店，出版的《新月雜誌》水準很高，左派文人罵他們是資產階級的文學，說他們不該提倡唯美主義。那時參加業務的股東，有胡適之、梁實秋、徐志摩、佘上沅、丁西林、葉公超、聞一多、潘光旦、劉英士等，當時胡先生和徐志摩、梁實秋成為新月社的核心人物，他們沒有絲毫政治野心，只是為發揚真理，維護自由而努力。

徐志摩死了！這是一個震驚文壇的消息；尤其他是乘飛機失事死的，更加引起人們的哀悼！那是民國二十年十一月十九日，中國航空公司的濟南號，上午八點由上海起飛，由機師王貫一，副駕駛梁璧堂駕駛，飛到濟南黨家莊附近，突然遇大霧瀰漫，飛機不辨方向，誤觸山頭起火燃燒，人機俱燬。

也許是命中註定志摩要這麼死的，他的好朋友保君建，在航空公司任財務組主任，送志摩一張長期免費機票，因此他可以不用花錢，飛來飛去。他死時才三十六歲，正是年富力壯的時候，他的元配夫人張幼儀女士曾有輓聯悼他：

萬里快鵬飛，獨憾翳雲遂失路；
一朝驚鶴化，我憐弱息去招魂。

在許多輓聯當中，我獨喜歡黃廬隱和李唯建的一副：

嘆君風度比行雲，來也飄飄，去也飄飄。
嗟我哀歌弔詩魂，風何淒淒，雨何淒淒。

志摩雖然只活了三十六歲；但他的生活是多采多姿的，他是徹底的唯美主義、浪漫主義者，他死得那麼慘，卻也那麼痛快；他的骨灰飄浮在太空，化作一縷青煙消逝，雖然他的軀殼已變成灰；可是他的作品卻永遠地留在人間供人欣賞，供人朗誦。

志摩的詩

志摩日記
翡冷翠的一夜
猛虎集
雲遊集
以上幾本書，都由上海新月書店印行。
此外還有：
落葉
自剖
巴黎鱗爪
秋（以上散文）
輪盤（小說）
卡崑崗（戲曲）
愛眉小札（書信集）

孫伏園

「伏老不知道怎樣了？」

林語堂先生從美國回來定居臺灣，我去看他，他很關心地問起孫伏園先生。

「您在美國也得不到一點關於他的消息嗎？」

「沒有，還有小鹿呢？」

「三十八年我還接過小鹿一封信，以後就沒有消息了。」

我回答他，接著是我們一聲深長的嘆息。

民國十五年，我在軍校的女生隊受訓，認識了孫伏園和林語堂兩位先生；和小鹿相識，也是這個時候，她叫做陸晶清，小鹿是她的筆名，因為人長得又矮又小，所以大家也就樂得這麼叫她。

現在不談小鹿，單記述伏老。

孫伏園先生，是浙江紹興人，生於一八九四年，當他在三十多歲的時候，就蓄了滿嘴的鬍子，害得許多人都稱他伏老，伏老；其實，他那裏有半點老的現象呢？

紅潤而肥胖的臉，炯炯發光的眼睛，精神飽滿，即使和他談上三四個鐘頭的話，也從來沒有看見他打過呵欠；走起路來，更是健步如飛，記得在重慶，有一次我們從棗子嵐椏小鹿那裏到中國文藝社去找華林，走到觀音岩的中途，我便氣喘喘地實在走不動了，他回過頭來諷刺我說：

「真不中用，赳赳女兵還不如我這個老頭子。」

為了不甘示弱，我用事實來回答他，拚命地爬了幾個坡，伏老怕我摔交，連忙來扶住我。說良心話，我實在趕不上他，不要說上坡，就是走平地，我也會落後，主要原因，是我有心臟病，而他是健壯的。

我第一次和伏老會面，是在民國十五年的夏天，那時革命軍剛由廣州打到武漢不久，伏老在主編漢口《中央日報》副刊，兩位愛好文藝的男同學要帶我去看伏老，我不敢去，怕他有架子，不高興接待我這個初出茅廬的鄉下姑娘。

「不會的，我們在北平的時候，常去看他，那時他主編《晨報副刊》，我還投過稿呢。」

冰川這麼向我打氣。

「他登了你的文章嗎？」

「登了！而且還給我稿費，約我去聊天，告訴你，他最喜歡交小朋友呢。」

雖然那時我已經不算小了，但在伏老的面前；尤其是學問方面，我自然是個孩子。就這樣，在一個星期日的下午，小海和冰川帶我去見伏老。那天他也許很忙，同時還有別的客人在座，他沒有買糖招待我，回來我寫了一封信向他發牢騷，他立刻回信給我；而且允許將來修一條糖馬路，由武昌的漢陽門起到漢口的一碼頭止，由此也可以想見伏老是一位如何有趣的人物。

在這兒，我要特別感謝他的，是他領導我走上了文學之路，《從軍日記》如果不是他和林語堂先生兩人作主，我是絕對沒有勇氣出版的；可是在另一方面我也要怪他，當初我要是不走文學這條路，也許沒有現在的窮，沒有現在的苦惱。

底下應該介紹一下伏老的為人和他的著作。

民國十年，他畢業於北京大學中國文學系，民二十年，畢業法國巴黎大學。曾任北大講師，北平《晨報》記者和副刊主編；民國十四年任廣州中山大學教授，十五至十六年任漢口《中央日報》主筆兼副刊主編，十七年至二十年，他與乃弟福熙留學法國。回國後，就擔任平教會定縣實驗區主任，還在二十六至二十七年之間當過湖南衡山實驗縣的縣長，後來到了成都，任華西大學教授。在當縣長期間，有許多有趣可笑的軼事，至今還在許多朋友中的口裏流傳著。

有一次，有許多隊伍開到了衡山，某大隊長跑到衙門裏去找縣長要挑夫一百名，而且當晚就要交人，伏老最反對這種拉夫的辦法，他主張應該在事前加以宣傳，發動民眾自動地來幫忙軍隊服務。

起初是科長秘書和那人交涉，對方來勢洶洶，而且口口聲聲要見縣長，不得已，秘書只好據實報告，伏老立刻出來接見這位不好對付的客人。

「你就是縣長嗎？」那人毫無禮貌地問。

「是的，先生有何貴幹？」伏老很客氣地回答他。

「你還裝不知道，我不是向你要民夫一百名，限今天晚上就要交嗎？」

伏老點了點頭，微笑著回答：「呵，呵！」

那位老粗見伏老沒有答覆到底民夫有沒有，他不免大發雷霆，很生氣地問：

「豈有此理，你為什麼不答覆我的問題？你叫什麼名字！」伏老仍然不生氣，他微笑著回答他：

「我叫孫伏園。」

「喝！你是那個文學家孫伏園先生嗎？」

那人不由自主地站起來立正。

「是的，過去我曾經寫過一些文章。」

「唉！我真是有眼不識泰山，我常常拜讀孫先生的大作，請先生恕我無禮，那麼關於一百名民夫的事，不敢再勞駕了。」

就這樣，孫伏園三個字，嚇退了那位二尺五軍官，也替那一百名挑夫解除了重擔。

像這一類的故事還有很多，但限於篇幅，我只能舉一個例子。

民國十七年我來到上海，一位朋友替我找到了一間最便宜的房子，誰知道那就是綁匪之家，等到有一天他們犯了案子，逃的逃了，沒逃的也被捕了，連我這倒楣的房客也在內。

在法國巡捕房，我過了三天沒有吃飯，也沒有喝水的日子；後來要不是伏老來營救，還不知道要關到什麼時候呢？說不定還要受刑，甚至有生命的危險。

那時候伏園辦了一個綜合性的刊物，叫做《貢獻月刊》，社址就在他的家——哈同路民厚南里，我常常在星期六或星期天去看他，回來總要帶幾本剛出版的文藝刊物。

伏老的樣子，長得很像個法國人，特別是他的鬍子，又黑又長，有點像法國大作家巴爾扎克的畫像。

伏老是愛好自由，有正義感的，我相信他不會被共匪奴役，十多年來看不到半點有關他的消息，說不定他已經……

唉！處在那種人人自危，朝不保夕的環境裏，誰又知道誰能活多久呢？

伏老在抗戰期間，對於文化的貢獻是很大的，他曾任軍委會的設計委員，兼士兵月刊社社長；齊魯大學國文系主任、教授。後來又到大竹去任鄉村工作人員訓練班主任；又辦了一個中外出版社，上至社長，下至編輯，校對，他都要負責。那時候，他住在美專校街一座小小的危樓上，走起路來地板搖動，好像地震一般，他常喜歡跑到附近一家小酒鋪去喝大麯，下酒的老是幾塊豆腐乾和一碟花生米。

抗戰勝利以後，大家爭先恐後地搶著出川，我問他什麼時候走，他說：

「我才不走呢，大家都走了之後，四川就不擠了，我可以一個人從從容容地把所有四川的名勝遊遍，然後再做出川的打算。」

伏老的眼光真不錯，抗戰勝利後，許多人都搶著出川；但他卻悠哉游哉地住在成都享清福。那時候，他除了執教華大和川大外，還幫助一位李小姐主持《新民報》的副刊。

在我認識的許多作家裏面，伏老算是最誠懇最可敬的一位，他永遠沒有怒容，只有微笑，不論是老朋友，或者是初次去拜訪的客人，他都以同樣熱忱的態度來接待，絕沒有絲毫架子，也不顯出很忙的樣子來，使客人感到不安；那怕他實在因為太忙，只能和你談幾句簡單的話，也能給你一個極和藹極親切的印象。他的著作過去散見在各雜誌、各大報紙上的很多，印成專集的只有《伏園遊記》，《山野掇拾》（與福熙合著），《魯迅二三事》等。

孫福熙

民國十七年的秋天，在上海哈同路民厚南里的嚶嚶書屋，我看到一個像女人的男人，他穿著一身黑嗶嘰西裝，打著一個黑綢領結，這領結不是普通一般的領帶，而是用一塊很大的綢子結成的。他的頭髮很長，好像經過電燙似的蜷曲，一直披到肩上，完全像一個法國浪漫派的藝術家。不！他很像拜倫。他的皮膚很白，眉毛特別多而濃黑，說起話來的時候，聲音很輕而柔和，不論他對誰說話，老是那麼堆滿了和藹的微笑，這人就是孫伏園先生的弟弟孫福熙先生。

福熙先生不但說話、表情、動作像女人，走起路來的時候，也像女人一樣遲緩而斯文，如果他穿著旗袍，我相信準有人叫他太太的，雖然他的臉比女人的要大；但那種「幽嫻貞靜」的態度，實在太女性化了。

他和伏老站在一塊，要比伏老高出一個頭，倆人的面貌有一點相像；而且使人一見，永遠也不會忘記，因為伏老的特徵是那一撮黑長鬍子；而福熙則是這一頭黑蜷髮。他們都是法國留學生，而且都是以寫小品文聞名。兄弟兩人都喜歡喝酒，一面慢慢地談，一面慢慢地喝，假若沒有什麼約會，喝一次酒，可以延長到三四個鐘頭。記得我第一次和他喝酒，是伏老買了許多螃蟹來招待我；可惜我這個生長在偏僻的農村的鄉下孩子，只看見過一些很小的螃蟹，吃起來的時候，烤得很焦，連殼帶肉吞進肚子裏去，如今看見這麼大一個——最小的，起碼也有四五兩重，不覺使我大吃一驚：「這樣硬的殼子，我如何吞得下呢？」心裏想著，幾乎要大叫起來。後來看到他們開始動手了。先把腳折下來，然後再揭開那個硬殼子，我呆呆地看著他們，不敢輕易下手。

「這是最肥的母蟹，你為什麼不吃？」

伏老奇怪地問我，我更不好意思起來，我不懂母蟹是什麼意思，就乾脆告訴他：

「對不起，我還不知道怎麼下手呢！」

說得滿桌子的人都笑了。於是第一個剝開肉給我吃的是福熙先生，接著伏老也替我剝了兩三個，那天是我生平第一次嚐到蟹黃的美味，現在每次吃螃蟹，我就會憶起那一個可笑的故事來。

第二次吃螃蟹，是我從法國巡捕房釋放出來，伏老昆仲特地為我慶祝，還請了幾位陪客，除了螃蟹，還弄了十多樣好菜，這回我不用他們替我剝了；但螃蟹腿子裏面的肉老是弄不出來，吃不乾淨。他們盡量勸我喝酒，為我獲得了自由而慶祝，我佩服他們的酒量，也感激他們深刻的友情。

福熙先生一字春苔，他本來是個畫家，和伏老合著的《山野掇拾》，裏面有許多插畫，都出之福熙的手。古人批評王維「詩中有畫，畫中有詩」，我雖沒有讀過福熙的詩，但他的散文我看過不少，幾乎每篇都是文中有畫，例如《山野掇拾》，《三湖遊記》，《大西洋之濱》，《歸航》等；尤其〈紅海上的一幕〉，這篇描寫日出的文章，實在太美太壯麗了！假使說，他說起話來的時候像音樂一般有聲韻，有旋律，那麼他寫起文章來的時候，就像繪畫一般有色彩，有線條。記得我看《山野掇拾》，還是在中學時代，我被他那優美的文字陶醉得竟忘記了上課，也忘記了吃飯。我愛大自然甚過一切；但我常常在遊罷嶽麓山歸來，不知應該怎麼寫出我對大自然的讚美，和歌頌大自然的偉大，讀了《山野掇拾》以後，我才了解在煩囂城市裏住久了的人，只有投進大自然的懷抱，盡量欣賞清風明月，松濤鳥語，森林瀑布的美景，才能使精神愉快，胸懷開朗。

福熙先生回國以後，任教杭州美專，抗戰後，曾在昆明住過很久，他為中國旅行社，主編《旅行月刊》；過去曾有一度替北新書局編過《北新週刊》，那時趙景深還向他投過稿，後來兩人成了好朋友。勝利以後，他在南京僑務委員會任秘書，主持華僑通信社，也間或寫寫文章。有一件事我至今還覺得對不起，當我在北平替瀋陽一家報紙主編《文藝週刊》的時候，我曾向他索過兩次稿，有一篇是談副刊內容的，那位副刊編輯，把那兩篇文章，統統在他編的副刊上發表了，我催了好幾次要他趕快把稿費寄給福熙先生，他回信老說：「馬上寄，馬上寄。」但兩個月之後，我寫信給孫太太劉雪然女士詢問時，她說還沒有收到，真是太豈有此理了！後來到了臺灣，又碰到了這位不負責任、不講信用的編輯，談起過去的事，他只把責任往會計處一推，我只搖了搖頭，沒有再說什麼。好在上一次當，就得一次經驗；不過這件事，在我沒有見到福熙先生，當面對他把詳細情形說清楚以前，我的心裏總是難過的！

福熙先生為人忠厚，恕人克己，他和陳學昭在法國認識，由戀愛而同居，後來這位資產階級的女作家，不知是受了誰的影響，忽然大談起普羅革命來，吵著和福熙離了婚，一溜煙跑到延安去了。

福熙自從和劉小姐結婚以後，生活非常幸福，聽說他們生了一個和他父親一般美的孩子，他是個信仰真理，熱愛人類，讚美自由的人，現在不知道怎樣了？

孫席珍

民國十九年到二十年之間，孫席珍先生在女師大以講師的身份，教我們的西洋文學史。瘦瘦的臉，白皙的皮膚，戴著一副近視眼鏡，喜歡穿很整潔的西裝，說著一口絲毫不帶紹興腔的北平話。他的太太也是近視眼，看起來似乎年齡要比他大四五歲，如果他們兩人站在一塊，無疑地，誰都會以為孫先生是他太太的小弟弟，因此，這「小弟弟」的綽號，不知道在什麼時候，便被幾個頑皮的學生加在他的頭上了。

也許是因為他的相貌和態度都表現得太年輕的緣故，所以同學們誰也不怕他，甚至有時還要欺負他；常常有些小姐們在他上課的時間內去會男朋友。她們說：「沒有關係，小弟弟的課缺一兩次不要緊，只要你借筆記給我抄一抄就行。」

他的講義編得最清楚，最詳細，講起書來，有時非常幽默。我很喜歡上他的課，他從來不缺席，也不遲到早退。對學生沒有絲毫架子，常常約我們到他家裏去玩，喜歡和我們聊天，談莫泊桑，雪萊的生活；款待學生，像款待他的老朋友。花生，糖，瓜子，在他家裏，這些都是常常預備著的。

正在這個時候，聽說他和太太的感情不好，時常吵架；又有一說，他和我們班上一位同學很要好，也不知究竟是指的誰。後來我離開了學校，再也沒有看見他；但心裏常常掛念他們，因為他給與任何人的印象，都是誠懇而親切的。

說起席珍老師的文學造詣來是很深的，他是個苦學成名的作家。當他在北平《晨報》當副刊校對的時候，他就不斷地寫詩在《晨報副刊》和葉聖陶主編的詩刊上發表；後來他寫了許多小說，如《戰場上》、《戰爭中》、《戰後》，是描寫內戰的殘酷；《金鞭》、《到大連去》、《花環》、《鳳仙姑娘》、《女人的心》、

《夜皎皎》等，都是短篇小說集。他的短篇小說寫得很好，頗有莫泊桑的作風。對社會，對人生，有時諷刺，有時嘲笑，有時又痛哭流涕；因為他自己是個最重感情的人，所以在小說裏面，描寫感情與理智衝突的地方，特別生動而深刻。他是一個做事肯負責，寫作很勤勉的作家。當他在女師大教書的時候，不過廿四五歲；而他已經是著述等身了，例如：《辛克萊評傳》、《莫泊桑的生活》、《雪萊生活》、《英國文學研究》、《東印度故事》、《近代文藝思潮》等著作，都是二十歲左右寫成的。他和趙景深先生是好朋友，在介紹出版這一方面，趙先生是他唯一的幫助者；自然，他也很感激趙先生，有時從鄉下帶了小雞來，要他太太把雞餵大了，然後再送給趙先生，以示誠意。從這一點，就可以知道席珍師的為人，是如何地認真與嚴肅了。

他的短篇小說〈阿娥〉，曾收集在《現代中國短篇小說集》裏面，被譯成英文，在英國出版。

孫席珍先生於一九〇六年生於浙江紹興，從小便愛好文學，對於寫作非常認真，一個字也不肯馬虎，他的原稿寫得很清楚，從來不寫草字。他曾在戰場上生活過一個時期，所以在「戰爭三部曲」裏，描寫戰爭的殘酷，淋漓盡致，頗有雷馬克的作風。他常常鼓勵我們寫作，他說：「一個富於熱情的人，最好把生命寄託在文學上，因為它會給你許多想像不到的安慰和鼓勵的。」想不到這幾句話，我如今常常借來鼓勵我的學生了。

我懷念席珍師，更永遠忘不了當我匆忙離開北平時，他和孫師母趕到車站送別時那種依依不捨的情景，和當了棉衣戒指為我籌備旅費的熱情，我希望有一天我們會突然在路上遇見，也許那時大家都是白髮蕭蕭了！

許地山

雖然許地山先生離開人間二十多年了；但全國的中學生，還在讀著他的文章，在初中一年級的國文課本上，都選了他的〈落花生〉——這是他一篇散文的題目，也是他的筆名。

一個作家的筆名，有時是隨便寫的，有時是含有某種意義的，像「落花生」這個筆名，便含有深長的意義。據許地山先生說：在他屋後的花園裏，有一塊空地，種了許多花生，收穫以後，全家大小舉行慶祝會，還特地請了他那位工作很忙的父親來參加；父親問他們兄弟姐妹，花生有什麼好處？於是有的回答可以榨油；有的回答味道很美；有的回答價錢很賤；但他的父親說：「這都不是它的特點，主要的是花生的好處埋在地裏，不像石榴、蘋果、桃子似的掛在翠綠的樹枝上，使人一見就垂涎；花生長得並不高大，而且顯得萎縮的樣子，要等你去接觸它，發掘它的時候，才知道它有沒有果實；所以我希望你們要像花生，因為它是有用的東西……」（大意如此）

從此，許地山牢牢地記住了父親所說的話，無論為人、寫文、做事，都是實事求是，不重外表，專重內容；他用落花生做他終身的筆名，寫了許多樸實無華的散文和小說、童話；提起童話，我又憶起一段令人難忘的舊事來：

民國三十四年，抗戰勝利後，我在重慶候輪赴漢口，在小羅那裏，會到了許地山先生的太太周俟松女士，她告訴我許先生有許多作品，都是沒有發表過的，現在想找一個適當的刊物登載之後，再印成書。

「為什麼不乾脆出書呢？」

小羅在旁邊傻里傻氣地問。

「傻瓜，還用得著問嗎？還不是為了想多拿點稿費。」

周女士直爽地回答她，三個人同時大笑起來。

凡是認識許太太的，沒有不同情她，為她擔憂的。許地山先生於民國三十年在香港逝世之後，她要負擔自己和女兒的生活。她是那麼苦，那麼忙，當一個小公務員，每天坐八小時的辦公桌，已經腰酸背痛了；回到家，還要自己做飯洗衣，教養孩子，其忙碌淒苦的情景，可想而知。她的文章也寫得很好；可惜工作奪去了她寫作的時間，我了解她的境況，於是大膽地許下了一個諾言：

「只要我在什麼地方編刊物或主編什麼報紙的副刊，我一定首先發表許先生的遺著；並且把稿費提前寄給你。」

「那麼，你就把他的稿子帶去吧，免得將來郵寄麻煩；同時還可省掉一筆郵費。」

許太太雖和我初次見面，卻如此信任我，使我非常高興，於是我真的把稿子帶到漢口；事情又偏偏這麼湊巧，那時《和平日報》，《華中日報》都找我編副刊，因為一時找不到替手，只好都答應了。這時就在《和平日報》的副刊〈自由園地〉連載許地山先生翻譯的童話，他的譯筆非常流利，就像他的創作一樣；又因內容充實，大受讀者歡迎。每次發稿，在他的名字下面，加上「遺著」兩字時，我心裏感到很難受。

記得在中學時代，我就看過許先生作的《空山靈雨》和〈綴網勞蛛〉。我喜歡讀他的散文，像一首美麗的詩，像一幅生動的畫，像一個很熟悉的朋友和我聊天，我有時這樣想：「如果有一天，我能夠看到我所欽佩的作家，該有多麼快樂！」誰知十餘年後，我看到了許太太和她的掌上明珠，而永遠也見不到許地山先生了；人生真像一場夢，假若他在九泉之下，知道他死後，自己的太太和女兒的生活是這麼艱苦，還在靠賣他的遺稿過活，該是多麼傷心啊！

許地山先生原名贊堃，又名叔丑，是詩人許南英先生的第四個兒子，於一八九三年，生於臺南馬公廟祖屋，南英先生是最愛國的，曾經為了反對把臺灣讓給日本，秘密地組織民軍抗日，失敗後，才遷回內地居住。

許地山先生從燕京大學國文系畢業後，就留學美國，得哥倫比亞大學文學碩士；後來又赴英國攻讀，得牛津大學文學碩士；回國後，歷任燕京、清華、北大等校教授，及教育部國語統一籌備委員會委員等職。

普通一般留學生，多半一離開中國，思想、生活習慣一切都會洋化；而許地山先生據說非但絲毫不帶洋氣，並且特別愛護祖國的文化：一方面，他把國際間最精彩的文化介紹到中國來；同時也把我國的文學精華，用英文翻譯介紹到國外去。在當時出版的《燕京學報》上，他曾發表過許多學術論文；在《小說月報》上，更是每期都可看到他的作品。他的寫作態度是很認真的，內容與形式並重，他喜歡以家庭和學校為背景，有時也寫些身邊瑣事，因為題材都是大家親身經歷過的，所以讀起來特別感覺親切。

許地山先生的作品，除了〈綴網勞蛛〉、〈命運鳥〉、〈換巢鸞鳳〉、《空山靈雨》外，還有《印度文學》、《無法投遞之郵件》；譯有《孟加拉民間故事》，以及鴉片戰爭以前中英的交涉史料　《達衷集》、《中國道教史》、《扶乩迷信的心理》、《道藏索引》、《玉官》、《國粹與國學》等。死時年僅四十八歲，天忌英才，深為可嘆！

黃白薇

在「創造社」時代大露頭角的白薇，現在是生死莫卜了！在中國所有的作家裏面，她是最窮困，最淒苦，也是最孤獨的一個；從作學生時代一直到老年，她沒有一天不在和窮困病魔掙扎。

她生長於湖南和廣東分界的大庾嶺山腳下一個農村裏。在很小的時候，便由父母作主將她許配了人家；而且很早就嫁出去做了童養媳，從此白薇跳進了殘酷的命運火窟，弱小的心靈，便開始受到重大的打擊！

她的婆婆是個悍惡如虎的女人；丈夫也生性殘忍，常常幫著父母虐待白薇，動不動就是拳打足踢，有一次最厲害：他們娘兒兩個合夥打白薇，把她摔倒在地上，然後用腳猛踢她的頭，和她的胸部、腹部，狠心的婆婆，還用嘴咬斷了白薇一隻腳趾，頓時鮮血流滿了一地；這樣殘酷的刑罰，還不能滿足他們，又把白薇全身的衣服脫得一絲不掛；白薇實在痛得不能忍受了，忘記自己是個赤裸著身子的人，連忙往外奔跑，跳下河去，鮮血把河水染紅了；她呆呆地站在水裏不敢上岸，後來還是鄰居的人看得實在過意不去，才把她從水裏救出來，給她一身衣服穿上。

經過這一次的折磨之後，白薇哭泣著回到了娘家，居然得到了父母的同情，送她和兩個妹妹進了長沙的稻田師範（即湖南省立第一女子師範）；但正當畢業的那個暑期，父親就來逼她回去。這是她的生死關頭，她如果不逃走，只有永遠被禁錮在黑暗的封建家庭裏，一直到生命的末日。她決定逃走；而且想遠走高飛，逃到日本去。她把這消息秘密地告訴她的顯妹；同時再三叮囑她，千萬不要向任何人洩露秘密；誰知顯妹年幼無知，終於告訴了校長；校長因奉了白薇父親的命令，決不放行。他發動了訓育主任和好幾位先生，還有一部份思想封建的學生，嚴密監視她的行動，就在白薇想要逃走的那天，大門早被人把守了，連牆外都放了步哨。這時白薇的父親，因事到岳州去了還沒有回來，白薇已經託了兩位去九江的同學買好船票，她必須在那天下午兩點鐘前上船，行李也被同學偷著送上了船；正在她焦急萬分的時候，顯妹突然良心發現，願意幫助她逃走，告訴她可以從挑糞的毛坑裏爬出去；幸好這是一個廢而不用的毛坑，那裏沒有人把守，白薇終於戰戰兢兢地逃出了這個可怕的鬼門關，一個人居然跑到了日本，在那裏過著極艱苦的生活，一面讀書，一面做工；她在一個美國人的家裏當下女——擦皮鞋，拖地板，做飯洗衣，什麼都幹。後來認識了詩人楊騷，由戀愛而同居，由同居而破裂，從此白薇又墮入了另一個痛苦的深淵。

原來詩人楊騷的情感是易變的，流動的，除了白薇而外，他還另外愛了別的女人；他把一種不名譽的病傳染給白薇，使她半輩子在病榻上呻吟，一生犧牲了人生的幸福。讀了她的《昨夜》和《悲劇的生涯》，便可以了解她和楊騷脫離的詳細經過情形。

論起白薇的個性來，是非常倔強的，她有反抗的精神，凡事喜歡探求真理。在《打出幽靈塔》和《娘姨》兩個劇本裏面，充滿了反抗舊禮教舊社會的思想；又因為自己太富熱情，崇拜戀愛至上，所以有一個時期她完全沉醉在愛河裏，曾用「楚洪」的筆名，出版了《愛網》、《琳麗》、和《鶯》等詩劇，這是唯美主義的作品，裏面充滿了愛的甜蜜和愛的痛苦。

離開了愛的生活以後，她老是一個人到處飄流。「一二八」戰爭發生後，她非常興奮，拖著有病的身子，還參加各種會議。抗戰以後，她由北平趕到廣州，在一家報社工作了一個時期，又趕到漢口，那時她住在武昌，常常過江來找朋友進行工作，為了沒有錢渡江，有一次她竟在江邊和難民過了一夜。後來到了重慶，雖然在文化工作委員會找到了一個小位置，據她自己說，每月的收入還不及一個中尉司書。她住在賴家橋的鄉下，過著自己挑水，自己種菜，自己做飯，上班下班的生活；如果有事進城，就得像一個行腳僧似的，揹著簡單的行李，走到那裏，誰留她住下，她就隨便在地板上或者凳子上、桌子上躺下來；有一次，我和她在重慶天官府文化工作委員會的辦事處樓上地板上睡了一夜，和幾個勤務兵混在一道。我心裏很難過，因為和她同時出名的那些人，像郭沫若，就是她的頂頭上司，馮乃超就住在隔壁。他們都有溫暖的家，房間裏擺著舒適的沙發、衣櫃、梳粧臺，吃得好，穿得闊；而可憐的白薇呢？冬天卻穿著十幾層單衣，連一件舊棉袍都沒有。用腦力換來的幾個錢，都送進了醫院，送進了藥房，世間還有比白薇更苦更慘的人嗎？

因為受了環境的影響，後來她的個性也越來越變得孤僻了，她不願意和人家來往，也不願意接受朋友的幫助。常常寫詩，寫劇本，也許因為牢騷發得太過火，所以誰也不替她出版。她的箱子裏裝滿了稿件，雖然沒有發表，她也從來不灰心，仍然不斷地寫，這種精神是令人欽佩的。

白薇姓黃，原名素如，有時也叫黃鶯，白薇是她發表處女作《打出幽靈塔》用的筆名，以後還用過「楚洪」兩字。對於那些坐在大廳裏，嘴裏含著法國雪茄，喝著咖啡，大談普羅文學的作家，她是最痛恨的；因此許多人說白薇的脾氣古怪，其實她倒是個富有正義感的道地的好人；可惜終身被窮困與疾病折磨，使她再也抬不起頭來，這是很可惜的。她的身材不高，非常瘦弱，臉上很少露出笑容，即使有，也是苦笑的。

還記得她在上海的時候，常常搭那些進城賣小菜的板車，為的省幾個錢；有一次病得很厲害，一連五六天沒有吃東西，也沒有人去看她，實在餓得忍受不住了，她想掙扎著起來去買麵包，誰知四肢無力，幾個筋斗就從二樓滾到樓下，要不是房東太太看到，連忙扶起她來，說不定摔死了，還沒有人知道呢。

「我是個苦命人，帶著痛苦來到世上，將來仍然帶著痛苦回到墳墓去。」

她這幾句話，老是在我的腦海中縈繞，不知道可憐的白薇，這時是否還活在人間？……

黃廬隱

一

「廬隱，你的小愛人呢？怎麼沒有同來？」

假若遇到她一個人來到報社，我和小鹿（陸晶清）一定這樣笑著問她。

「他的功課很忙，今天沒進城。」

她也微笑著回答我們。

當民國十八、九年的時候，廬隱和她的小愛人，曾經轟動了北平的新聞界，更轟動了文壇。

二

廬隱姓黃名英，一八九八年生於福建閩侯，與冰心同鄉，曾畢業於北京女子高等師範。廬隱是她發表〈海濱故人〉時用的筆名，以後一直用這兩個字寫稿，如遇有人叫她廬小姐，她並不更正，只微笑著接受，由此也可見她是個非常隨和而帶著幾分孩子氣的人。

在文壇上，她與冰心同樣享有盛名；但她的風格與冰心絕對不同。她寫的東西，充滿了苦悶，憂鬱，感傷；同時對社會的舊制度表示憎恨；尤其對於封建勢力，她攻擊得體無完膚；對於一般偽正人君子，假道學先生，也罵得狗血噴頭。這是有原因的，當她和郭夢良結婚的時候，曾遭受到很大的打擊，不但夢良家裏的人反對，她的親屬唾罵，甚至和她風馬牛不相干的社會，也要攻擊她，說她不應該嫁一個有婦之夫。其實，郭夢良和家裏的那位鄉下太太，根本沒有絲毫感情，只是受了「父母之命，媒妁之言」而勉強結合的。廬隱在這一點上，她是個最英勇最能忍受一切的戰士！她不顧社會上一切的批評，她始終熱愛著夢良，那怕物質生活苦得連吃兩頓飯都成了問題，她也願意和夢良到處飄泊，過著他們的精神自由生活；不幸後來夢良得了很重的肺病，因經濟所限，不能不回到老家去休養；這時廬隱也不顧一切地跟了他回去，明知道會受到夫家的歧視，和他那位鄉下太太的唾罵；可是為了愛夢良，她不能不去。結果，她遭遇到生平沒有受過的侮辱，鄉下人都把她當做如夫人看待，夢良的鄉下太太更把她罵得眼淚雙流，抬不起頭來；有時候，甚至還加以拳打足踢的虐待。這時，環境的逼迫，使夢良的病日趨嚴重，不久就一命嗚呼！廬隱忍辱含淚等到把丈夫安葬後，就帶著她和夢良所生的女兒到處飄流，最後回到了北平。

三

這時候，廬隱的痛苦，真是一言難盡，她和封建社會奮鬥的結果，只換來了悲哀憤慨和永恆的幻滅。她不想生活在人間，她詛咒造物太無情；然而為了她的愛女，又不得不在這齷齪的社會裏鬼混。她整天喝酒，酒量又並不大；喝醉了大哭一場，然後一面流著淚，一面拿起筆來在紙上發洩她的痛苦，寫滿了一張兩張，她又把它撕成粉碎。如果是冬天，像這類的稿子，多半投進了火爐，化成了灰燼；有時我和小鹿勸她不要老喝酒，損傷了健康不合算，她用斬釘截鐵的語氣回答道：

「你們說！你們說！活在這世界上有什麼意義？我假若不喝酒，我一天也活不了！」

她以為只有喝醉酒，把神經麻木一下，暫時得到片刻的休息，而沒有想到

「舉杯消愁愁更愁」，在酒醒後的痛苦，凡是有過這種經驗的人都了解，它比未喝酒前更要厲害萬倍呢。

幸好，天無絕人之路，正在這個時候，她認識了還在清華大學攻讀的青年詩人李唯建。他們由朋友而相戀，由相戀而同居。自從有了這位了解她、熱愛她的「小愛人」以後，盧隱的人生觀又整個地改變了；大地像是回到了春天，一切都在欣欣向榮地生長，她覺得自己的愛情死去了一次，如今古井生波又復活了！她忘記了自己是唯建的老大姐，也不計較她是個有了孩子的寡婦。這時候，那些有封建腦筋的人，又在嘲笑她了，說她不應該愛一個年青的小夥子，將來一定會發生悲劇的；但盧隱不管這些，她說：

「哼！戀愛是兩個人的事情，要別人操心幹嗎？」

盧隱就是這麼一個很痛快的人，高興起來，就哈哈大笑；煩悶的時候，就痛飲幾杯；傷心的時候就大哭一場，看不順眼的事情，就破口大罵，毫不顧到什麼環境不環境。

唯建的文學修養很深，他曾翻譯雪萊和濟慈的詩，他給廬隱寫的情書，常被廬隱公開發表刊在我和小鹿編的《華北民國日報》副刊上，後來他們兩人合出了一本《雲鷗情書集》。

廬隱除了愛喝酒以外，還喜歡打麻將；而且打得很好，幾乎是每戰必勝，有時她向朋友誇耀地說：

「你羨慕不羨慕？這比我寫稿的收入多得多了！」

她的著作很多，如《海濱故人》、《靈海潮汐》、《歸雁》、〈或人的悲哀〉、《象牙戒指》、《曼麗》、《玫瑰有刺》，……文字非常流利；尤其《海濱故人》一書，風行全國，因為這是她的自傳一部份，所以寫來特別深刻動人。

這麼一位聰明，豪爽，痛快，勇敢的作家，竟在三十六歲的時候就短命死了，這是文壇的損失，也是婦女的悲哀（一九三四年五月廬隱死於難產）。

四

民國三十三年，我在成都常和唯建見面，他告訴我廬隱的女孩子，長得亭亭玉立，快由高中畢業了；他和廬隱生的兩個孩子，也已進小學，他雖已續絃，心裏卻老是念著黃泉下的廬隱；我想這時候也許唯建還在成都吧？

如果廬隱還在人間，今年是她滿五十的時候，友朋歡聚為她祝壽，該多麼快樂，如今她是靜靜地躺在上海公墓了！……

（三十七年，三，二十四）

（冰瑩按：感謝張起鈞先生保存了民國三十七年四月一日出版的正論，使我重讀拙作〈廬隱的小愛人〉，心中有無限的感慨！我日夜思念著的小鹿，據劉蘅靜女士告訴我，她還健在人間，過著毫無自由的生活；但願我們回到大陸時，能和她一同去盧隱的墓上，獻上一束鮮花，用我們熱情的眼淚，來憑吊九泉之下的幽靈……）

五十一年四月二十二修改後記

葉鼎洛

我從來只看見兩個這麼不修邊幅的文人：一是詩人吳宓；一是小說家葉鼎洛。

一九〇一年，葉鼎洛生於江蘇的江陰，說著一口帶有江蘇口音的河南話，高高的個子，皮膚又粗又黑。喜歡吐痰，也許這是他的習慣，即使房子裏備有痰盂，他也懶得站起來，喜歡隨意吐在地上，實在太不衛生了！假使單看他的臉孔和那滿嘴的黃牙齒，還以為他是個染有阿芙蓉嗜好的人。我第一次看見他的時候，他正在一個半軍事性質、半政治性質的機關裏工作，他不像別的大小職員一般按時上班下班，他擔任的工作是繪畫，有時一整天在畫布上塗顏色，連一頓飯也不吃；有時他在街上到處亂跑，或者坐在他的房子裏構思他的小說，像一個打坐的和尚，他常常一坐就是半天，一句話也不說；但紙煙是不斷地一支又一支地接連著抽的。

他穿著一身比伙伕還要骯髒的灰棉軍服，由於衣上的油漬，牙粉，以及其他的污點，使人一看，就知道他是個最不愛清潔的人。他老是穿著一雙破襪子，鞋子從面到底，都是布做的，大概晚上這雙鞋還要代替拖鞋，所以白天穿在腳上，走起路來也像拖鞋似的梯拖梯拖，使人看不順眼。衣服上面掉了扣子，他也滿不在乎；衣褲的袋子裏面，老是漲得鼓鼓地，不知裏面究竟裝些什麼東西；有時他還提著一個大破皮包去看朋友，裏面裝著他的原稿和畫，起初我以為他只會寫小說和劇本，沒想到他還是個有名的畫家，曾在西安、成都等地，開過幾次畫展，頗得社會人士的好評。

二十九年的春天，他的《漢奸的跳舞》劇本，在《黃河月刊》上連載，有一天我去看他，那時他已經離開那個請他繪畫的機關，帶著他那個十四歲的女兒，住在一間四面透風的破屋子裏；在一副不平的木板上面，鋪著一床薄薄的棉被，這是他的床鋪，也是招待客人的凳子。

「你的小姐呢？她睡在那裏？」我問他。

「哪，在那兒。」

順著他的手指去，在一把歪歪斜斜的躺椅上，鋪著一床似乎從來沒有洗過的烏黑薄被，我心裏感到一陣淒涼，忍不住嘆了一口氣。

「唉！住在這裏太苦了，你們還是想法另找房子吧！」

「這樣還算好的；要不是我這麼窮，老婆怎麼會不跟我呢？」

他的回答，更使我的心沉重了。本來我想問一問他的太太離開他是怎麼回事，這麼一來，我連問的勇氣也沒有了，只趕快把稿費交給他，就離開了這間充滿了憂鬱，令人窒息的房間。

他的女兒是一個長得並不漂亮，也並不難看的小姑娘，臉上充滿了溫柔敦厚的表情；不愛說話，也許是從小就有過訓練來的，她什麼都會做：洗衣、煮飯、縫補、掃地，樣樣都來。不用說，在那種窮苦的環境裏，營養根本是談不到的，因此她的臉色也和鼎洛一樣又黃又瘦；聽說兩年後（那時我已離開了西安），終於因了鼎洛失業太久，無法維持生活，只好把女兒嫁給一位商人。

鼎洛在二十歲的時候就開始寫小說，由於環境的坎坷，養成他一副沉默憂鬱的性格。在他的小說裏，充滿了傷感和頹廢的氣氛，和郁達夫有著相同的調子。抗戰以前，他出版過很多集子：如《烏鴉》、《白癡》、《男友》、《未亡人》、《前夢》、《他鄉人語》、《雙影》等。他在上海美專，河南省立高中都教過書，學生很多；但真正了解他的藝術和人格的人卻很少，他是最能刻苦忍耐的人，和朋友在一道聊天，別人都喜歡發牢騷，對現實表示不滿，鼎洛頂多嘆一口氣，狂抽兩口香煙，然後慢吞吞地說：「有什麼辦法呢？大家都在遭劫呀！」

真的，有什麼辦法呢？大家都在遭劫呀！我掛念著這位終生潦倒，在窮苦中掙扎的藝術家，不知如今又流落到何方去了？

覃子豪

每次當我到文協去開會時，我總抽出幾分鐘功夫，站在子豪遺物櫃旁邊流覽一遍，看到我送他的那個小娃娃還好好地立在那裏，不覺有一種淒涼的感覺，打從內心深處流出來，自然，這種感覺，只是我有，別人是不會覺察到的。

那是五十二年的夏天，我將要赴菲律賓文藝研習班講學，有一天我忽然憶起子豪來，他躺在臺大醫院裏，我還沒有去看過，於是特地跑去中華路，在文化買了一個小娃娃送給他；娃娃的高度不到兩寸，裝在一個圓圓的白色塑膠盒裏，我想一定有人送鮮花，送水果和牛奶去，我送這個小玩藝兒，可以放在茶几上朝夕陪伴著他，說不定他看久了，還可以產生靈感，寫幾首好詩出來；至於吃的東西，我想等和他面談之後，他喜歡吃什麼，我就立刻去買來。

就這樣，我走進了樓下一間頭等病室（不知是否一〇四室？），只見他睡得很熟，我不敢驚動他，也不便一個人坐在房子裏等待，於是在走廊上散步。大約一刻鐘之後，許世旭先生來了，我問起他關於子豪病況的真象，他把頭搖了搖回答我：

「聽說這幾天好了一點，不知道要那一天才能出院。他瘦得太厲害了，真可憐！」

「查出來到底是什麼病沒有？」

「我也不大清楚，一說是膽結石；一說是肝病。」

「只要不是癌就有好的希望。」

我們的談話聲音，低得只有兩人聽得見。

「老師如果沒有空，不必再等了，待他醒來之後，我會告訴他：老師來過了。」

世旭知道我忙，他催我走。

「再等幾分鐘，也許他不久就會醒來了。」

我們仍然一面散步，一面談著子豪的病；不久一位青年朋友來了，他是每天來看護子豪的，從他的口裏，知道子豪這幾天病有起色，不論白天晚上都睡得很好。

「也許不久可以出院休養。」

這真是個好消息，我想赴菲之前大概沒有時間再來看他了，等回來之後再說。

臨別，我又跑去病房看了一次，他還是睡得那麼甜，我想他一定有一個美好的夢，夢著他完成了一首絕妙好詩。

「子豪先生：

特來探病，適你正在午睡。不敢驚擾，留下娃娃陪你。

祝你

快好

冰瑩留」

留好了條子，他還沒有醒來，我只好走了。

從馬尼拉回來之後，我去看過他兩次，每次都遇著他睡覺。一直到他去世，我沒有機會和他談話，想來真太使人惆悵了。

我認識子豪，是到臺灣不久的事。那時新詩人沒有現在的多。常常見面的只有鍾鼎文，葛賢寧，覃子豪，鍾雷……幾個人。子豪住在中山北路物資調節委員會的宿舍裏，我還去看過他，他深以沒有好好招待我為歉，我當時只覺得一個詩人是不應該住在那種宿舍的，他應該有一塊空地，多種些花，有一位溫柔體貼的主婦，好好地照料他的生活，柴米油鹽不用他操心。聽說在愛情方面，他是受過刺激來的；但他的生命力很強，他不怕打擊，他把全生命融在他的詩裏，因此在這方面他有了很大的成就。

「我的家像一個狗窩，亂七八糟，簡直不像話；因為我是一個人，又常常出差，所以懶得弄它。」

他用道地的四川話向我解釋。

「沒有關係，沒有關係。樸素是詩人的本色，你的書房，名副其實，到處堆滿了書，可愛極了。」

我說著，兩人都笑起來。

那天我是找他去師大講演新詩的欣賞，起初他不肯答應，經我再三請求，他說：

「我只會寫，不會講，同學們如果不高興聽，怎麼辦？」

「他們都在熱烈地歡迎你，不會不高興的。」

後來他給我教的那三班同學，講了兩小時，中間也沒有休息，講完，同學們紛紛提出問題向他請教，情況非常熱烈。下課後，我請他在家裏吃便飯，特別為他做了一樣四川回鍋肉和炒辣子雞，飯後我們談到新詩的將來。

他是樂觀的，對於新詩的前途，充滿了光明燦爛的希望；可是對於少數青年朋友，文章還沒有寫通，就以詩人自居而趾高氣揚，目空一切，認為這是一種不好的現象。

「為什麼我要寫《詩的解剖》呢？因為我擔任中華文藝函授學校的新詩指導，看了許多詩稿，發現其中有不少毛病；所以我就分析給他們看，我相信這種做法，至少對於初學寫詩的人是有些幫助的。」

「當然有很大的幫助。我覺得詩是文學的精華，它不但有深刻的含蓄，有高超的意境，有最優美的辭藻；而且有節奏，有韻律；詩與歌應該屬於音樂性的，能朗誦，能歌詠的。」

我說出對於詩的最淺近的看法，他很同意。

那天我們談的話很多，可以說自從認識以來，談話最多的一次；平時在文藝集會裏，總是那麼匆匆忙忙地說幾句寒暄，不像這次一樣談得那麼多，那麼痛快。

在談話裏，可以發現子豪是一個非常誠懇，非常虛心的人。他的人緣很好，對誰都是那麼熱情，那麼坦白。他從來不批評人家，說人家的壞話，對於青年朋友，真是循循善誘，這從他去菲律賓講學回來，許多學生給他來信，請他改詩可以看出來。

這麼一個好人，照理不應該受病魔迫害的；然而他終於患了肝癌，在五十二年十月十日零時二十分嚥下了最後一口氣，從這年三月三十一日進入臺大醫院，一共過了與病魔掙扎一百九十四個日子，其中還服過中藥，所有人力能夠做到的，都盡力而為，他自己很清楚，起初以為不久可以出院，他要與病魔奮鬥到底；後來知道不行了，於是有了遺囑。（見《創世紀詩刊》十九期第八頁〈覃子豪遺囑〉，瘂弦筆錄，那是他在死前的一日說的。）

覃子豪先生原名覃基，是四川省廣漢縣人，生於民國元年二月十二日，先入北平中法大學，繼入日本東京中央大學畢業，在學生時代，就開始詩的寫作。返國後，適值抗戰爆發，任軍事委員會政治部掃蕩簡報班主任；第三戰區政治部設計委員，來臺後，任職物資調節委員會及臺灣省糧食局。

子豪雖然身為公務員，不是職業詩人；但他整天拿著筆桿在寫，他先後主編的刊物有《新詩週刊》、《藍星週刊》、《藍星詩頁》、及《藍星詩季刊》；同時主持中華文藝函授學校新詩講座，擔任中國文藝協會、青年寫作協會及中國詩人聯誼會理監事，五十年夏季曾應馬尼拉文藝研習會之邀，主講新詩，誨人不倦，頗得好評。

子豪先生的遺著有後列十六種：

一、自由的旗
二、生命的絃
三、永安劫後
四、海洋詩抄
五、向日葵
六、畫廊

七、未名集（未收入各集之詩作）

（以上為詩集）

八、詩的解剖

九、論現代詩

十、詩的創作與欣賞

（以上為理論與批評）

十一、集外集（譯詩集）

十二、法蘭西詩選

十三、「裴多菲詩」及所譯之其他各國詩人作品散文集

十四、散文集（含《東京回憶散記》）

十五、詩簡（一）

十六、詩簡（二）

附錄

十七、別卷　此卷非子豪先生作品，其中包括他的傳記，年譜，以及對他作品的重要評論，有關記載、研究文獻等。

以上目錄，係根據葉泥先生「關於覃子豪全集」目錄而寫。

最後，我要錄一首〈詩的播種者〉在這裏，以結束本文。

意志囚自己在一間小屋裏
屋裏有一個蒼茫的天地

耳邊飄響著一隻世紀的歌
胸中燃著一把熊熊的烈火

把理想投影於白色的紙上
在方塊的格子裏播種著火的種子

火的種子是滿天的星斗
全部殞落在黑暗的大地
當火的種子燃亮人類的心頭
他將微笑而去，與世長辭

現在他是真的含笑而去，與世長辭，因為火的種子，已經燃亮了人類的心頭。

五十五年十一月廿六日

齊如山

記得胡適之先生逝世後，齊老先生寫了一篇文章哀悼胡先生，還刊出一張在齊府飯後所留的照片，我正想寫信去向齊先生索一張，以留作紀念；誰知信還沒有發出去，而齊老先生突歸道山的惡耗又傳出來了，這是多麼不幸，多麼令人傷心的消息啊！

對於齊先生，我真是久仰，當我還在北平女師大讀書的時候，就常常讀到他老人家的大作；本來我對於京戲是不喜歡聽的，原因是自己在這方面的知識太淺薄了，又加之很多唱詞聽不懂，所以不感興趣；後來由於聽了梅蘭芳的《天女散花》（這是齊老先生的傑作），突然對京戲發生了興趣，我最喜歡看的幾齣戲是《玉堂春》，《女起解》，《四郎探母》，《打鼓罵曹》和《紅鬃烈馬》……

自從知道齊先生的大名之後，很想去拜訪一下，向他請益；但當時是一個學生，還沒有勇氣去謁見名人，一直到來臺灣後，才第一次在文協看見齊老先生。

「真是齊老先生嗎？為什麼一點也不顯得老，走起路來，腰直挺挺的！」我對朋友說。

「哼！他老人家不但沒駝背，不留鬍鬚，他走起路來還健步如飛呢。」她回答我。

從此我每年總有兩三次機會看見齊老先生；後來他的二媳婦黃媛珊女士和我在師大同事，又因我們都參加慶生會的關係，經常見面，因此我有勇氣去拜訪齊老先生。

還記得那是六年前的陰曆年初旬，我去替齊老先生拜年，他一定留我吃點心，並且用開玩笑的口吻說：

「您如果不吃就走，那太可惜了！您知道媛珊是有名的烹飪專家，她做的點心特別好吃，您嚐嚐看，我包您很滿意。」

說完，我們都哈哈大笑起來。

這時媛珊在廚房熱點心，我只好真的坐在那裏等吃。

「我怕打攪您太久，妨礙您休息的時間，我心裏不安。」

這是我的真心話，卻不料齊老先生連忙說：

「我的精神好極了！那怕聊一天一夜，也不會感覺疲勞，歡迎您常來聊天。」

「您的精神這麼好，可不可以告訴我一點關於養生之道。」

「我沒有什麼特別養生之道；不過多運動，不要吃得太飽，凡事不要著急，生活不要太緊張，多和朋友聊天，我想這都是養生之道。」

正說到這裏，媛珊的點心端出來了，齊老先生不住地勸我多吃，我開玩笑地說：

「吃得太多，就不合養生之道了。」

「那裏，那裏，多吃點心，不要緊；何況你還沒老（其實這時我已經五十多歲了！），應該多吃一點。」

唉！當時他老人家的音容笑貌，彷彿還在眼前，而我從此再也不能聽到他親切的聲音了！

四十五年的春天，文協的朋友們，為雪林姐，黃君璧、何志浩兩位先生舉行一個慶祝晚會，我也濫竽充數地忝附驥尾，許多文壇先進和朋友們紛紛題詞相贈，自然有許多過譽之詞，令我讀了感到萬分慚愧；現在把齊老先生寫給我的錄在後面：

「做飯洗碗掃房間
鋪床疊被洗衣衫
寫文改課教兒讀
弔賀迎送兼聚餐

慰問訪問又探病
講演開會還上班
諸事日有一百件
學校還將功課擔
事事摒擋都井井
寫的文章堆如山
這樣寫作三十載
勝我一百二十年」
（原文沒有標點）

這是他老人家親筆寫的一首有韻的詩，又通俗有趣，又很適合我的生活，朋友們看到這一張，都要大聲朗誦，說道：「真好！真好！」

胡適之先生死在酒會上，齊如山老先生死在戲院裏，他們真是有福氣的人，絲毫痛苦也沒有，好像太疲倦了，躺下去休息一下；可是這一休息，便成了永遠的休息，徒使人留下無限的悲傷。

齊如山先生，生於民前三十五年十一月十二日，歿於民國五十一年三月十八日。畢業於北京譯學館，是河北省高陽縣人。他老人家一生著作不輟，是國劇界的泰斗。陳紀瀅先生在《傳記文學》上寫了一篇洋洋數萬言的〈齊如老與梅蘭芳〉（五十四年七月至五十五年三月，連載九期）等於是齊老的傳記，現在將他的戲劇著作十六種介紹於下：

一、說戲
二、觀劇建言
三、中國劇之組織
四、戲劇腳色名詞考
五、京劇之變遷
六、臉譜說明
七、臉譜圖解

八、國劇身段譜
九、戲班
十、上下場
十一、行頭盔頭
十二、國劇簡要圖案
十三、國劇淺釋（附英文）
十四、梅蘭芳藝術一斑
十五、梅蘭芳遊美記
十六、故都市樂圖考
（以上各書都在北平出版，現已編入《齊如山先生全集》內。）

如今我手邊僅存有一本《北平懷舊》，是齊如山先生四十一年的作品，編為新國民叢書第六種，有他的親筆簽名，是一個最珍貴的紀念。

錢君匋

如果是四十以上的人，他是愛好文藝的，對於錢君匋這名字，一定不致感到陌生。當民國十六年至廿六年之間，全國各大雜誌及文學作品單行本的書面，十之八九出於錢氏之手，那時候，他的作品大半發表於《文學週報》和《小說月報》；陶元慶在當時，也是一位設計封面很有名的畫家，他作古後，錢君匋先生就成了數一數二的封面專家了。

矮矮的個子，不瘦的身材，戴著一副近視眼鏡，整天伏在桌子上，不寫是字，便是作畫，他還喜歡刻印；據他說，過去只喜歡畫，只喜歡音樂，抗戰以後，他從香港跑回上海，在法租界創辦「萬葉書店」，自己擔任編輯，主編《文藝新潮》月刊，秘密鼓吹抗日，不久便被封了；直到租界也淪陷以後，他就只好杜門不出，每天以金石書畫來消遣。這時候，他刻的印特別多，設計的兒童剪貼，也特別新穎而富於教育意義。

說到剪貼，使我聯想到兒童音樂和兒童圖畫來：在中國，專為兒童著想，有計劃地供給兒童精神上食糧的，除了兒童書局而外，便要算錢君匋創辦的「萬葉書店」了。

錢先生是豐子愷先生的高足，他的作風也和子愷先生有點相像；尤其在做人方面，受子愷先生的影響很大：他守信用，負責任，他愛孩子，愛藝術，情願把一生的精力，一生的心血獻給藝術，他是孩子的好朋友，他是藝術的忠臣。

是民國三十七年九月，當我經過上海來臺灣的前兩天，特地跑去萬葉書店替孩子買書，託人寄給遠在北平的湘兒，那時郵局已經不接收包裹了，也不知是那位朋友後來託誰，終於把這一包書帶到了北平；後來他們來臺灣的時候，怕行李多了不好帶，就丟在北平，一直到今天，湘兒還要埋怨他的大哥，不該把那包他心愛的書留在北平。現在我這裏僅保存了一部子愷先生的彩色畫集，這畫集，當時運到北平的時候，有多少賣多少，真是風行一時；固然，子愷先生的畫，受人歡迎，是一個原因；另一個原因，是萬葉書店出版的東西，不論形式或內容都很考究，所以特別引起讀者的愛好。

錢先生於一九〇五年一月生於浙江海寧的屠甸鎮。海寧看潮，是全國聞名的風景之一，藝術家生長在這麼風光綺麗的錢塘江邊，從小就受了天然藝術的陶冶，怪不得與常人不同。論起他的學歷來，僅畢業於上海私立師範專科學校的圖音系，那時是民國十二年。他以天賦的資稟，加上超人的努力，終於使他在藝術方面有了很大的成就；至於他的教學經驗，是非常豐富的：他當過浙江省立六中，上海愛國女校，澄衷中學，兩江女師學校的圖畫音樂教師，先後共二十年，當中還兼任過同濟大學，復旦大學的教授；後來他在開明書店任編輯，王禮錫和陸晶清辦「神州國光社」時，他當過出版部主任，還在文化生活出版社工作了五年。萬葉書店，是他辛辛苦苦地一手創辦起來的，所出版的兒童剪貼，兒童歌曲，兒童畫集很多，現在不知這家書店還存在否？

錢君匋是一個充滿了藝術味道的人物，他的別號很多，例如豫堂，午齋，海月盦主，寂明寺鄰人，定香居士；用過的筆名，有宇文節，白蕊先等。

當抗戰開始的時候，他流亡到武漢長沙一帶，後來又到廣州與巴金籌備出版雜誌，旋至香港住了半月，覺得文化人都跑到後方來也不是辦法，應該回去做點地下工作，同時他的家眷留在上海沒有出來，也是使他想回上海的一個原因。

究竟汗是不會白流的，經過了艱苦的奮鬥，萬葉終於給孩子們創造了不少的精神食糧，可惜因為環境的突變，只得停止工作了，連我兩本「寫給小朋友的信」也遭受到不幸的打擊，沒有出世就夭折了！想來真痛心！

錢君匋編著的作品很多，真是不勝枚舉，就筆者所知道的，大約可分三類：

一、關於音樂方面的有：

1. 中國名歌選

2. 進行曲選
3. 口琴名曲選
4. 北新歌曲
5. 小學生歌曲集
6. 小學校音樂集
7. 萬葉歌曲集
8. 兒童新歌
9. 口琴名曲新集

二、關於圖畫方面的：

1. 圖案文字集
2. 素描
3. 最新剪貼
4. 水晶座

三、其他著有：

1. 摘花
2. 金夢
3. 西洋美術史講話
4. 錢君匋存印

劉大白

病中無聊，隨便從書架上抽出一本書來看，想不到這是劉大白先生的《郵吻》。

記得我在中學的時候，就喜歡讀大白先生的新詩，他的〈相思子〉、〈賣花女〉、〈郵吻〉，曾經被我讀得滾瓜爛熟，到如今還能背得一部份出來；其中〈賣花女〉一篇，自從選作中學國文教材之後，全國學生沒有不知道劉大白詩人的。

為什麼我這樣喜歡讀他的詩呢？第一，他是個最熱情的人，在他的每一首詩裏，都深藏著熱烈的、真摯的感情，我曾經讀過很多情詩；但遠不如大白先生的〈我願〉來得深刻而富於想像。他說：

我願把我金剛石地也似的心兒，
琢成一百單八粒念珠，
用柔韌得精金也似的情絲串著，
掛在你雪白的頸上，
垂到你火熱的胸前，
我知道你將用你底右手掐著。

當你一心念我的時候，
念一聲「我愛」，
掐一粒念珠；
纏綿不絕地念著，
循環不斷地掐著，
我知道你將往生於我心裏的淨土。

在這首詩裏的「念珠」，「往生」，「淨土」，都是佛經裏面的詞句。他借用來描寫愛情的堅貞。原來劉大白先生是個對佛學很有研究的人；同時他對文學、史學、政治，都有濃厚的興趣。他曾經做過浙江省議會和浙江省教育廳的秘書和教育部次長，蔣夢麟先生在民國十七年當浙江省教育廳長的時候，把劉大白先生從復旦大學拉出來，他在信上寫道：

「大白，有人不敢請教你，有人不配請教你；我也敢，也配，你來不來？」

而對方的答覆只有直率的，簡單的一個字：「來！」

從這短短的幾句話裏，可以看出蔣、劉兩位先生交情之深，和他們彼此的性格是多麼坦白，痛快。

朋友之間，最可愛的是「責善」，正如蔣夢麟先生敘述他和劉大白先生「他對我總是知無不言，言無不盡」。

劉大白先生和胡適之先生本來是很要好的朋友，他們都是「五四」時代提倡新文化運動的功臣；但他們把公私分得很清楚，在胡適譯〈節婦吟〉一文裏，他很客觀地，很坦白地把適之先生的譯詩那些地方不妥，那些地方是多餘的，他都一一指出，把原詩和譯詩同時寫出來，再加上自己的譯法，像這種作風，只有度量宏大的適之先生才能受得住；也只有天真坦白的劉大白才敢大膽地這樣寫。且看我們目前的文壇，根本看不到真正的文藝批評；有的話，也只有這兩種：一種是拼命地捧場；一種是盡量吹毛求疵或者謾罵一頓，其實，真正的批評，完全是客觀的，是好就說好，是壞就說壞；批評是對文章而不是對人，要這樣才算公道，才有進步，才算是真正的文學批評。

前面我已經說過，劉大白先生的詩，充滿了火辣辣的熱情，讀了〈郵吻〉和〈我願〉，立刻就會使你的血液迅速地往上升，當你讀完〈淚痕之群〉（這題目實在並不雅）由「一」到「一百四十一」，可以看出他失戀後的生活和痛苦。

為戀愛而流，

為相思而流的淚，
比明珠還貴重！（一百一）

這才是好詩哪！
詩人，
你能使人再讀，
你能使人不忍再讀，
你能使人不肯不再讀嗎？（一百二）

真的，只有這樣的詩才是好詩，才是真正的詩！

儘管劉大白先生的詩，有時受詞曲的影響太深，像〈春半〉那首有點像詞，又有點像白話舊詩；有時像〈淚痕之群〉裏面的詩句，又通俗得完全像口語一般；但他有一個特點，那就是出於自然，不矯揉造作，別有風格。

「自然」，這是多麼重要的要素，不論作文，寫詩，最要緊的是表現要自然，描寫要自然，寫小說時，對話要自然……總之，有了自然之美，詩與文章，讀起來就會特別感到流利，舒服。

詩人往往是短命的，大白先生也不例外，他只活了五十二年，曾有二十多年是在患肺病的痛苦中度過的；我想如果他活在今天的社會，特效藥一定可以救他。他是個非常達觀的人，對於生死，早已置之度外，他對蔣夢麟先生說：「別人害了肺病，早就死了，因為他們怕死；我害了肺病，一直不死，因為我不怕死。」

是的，只有不怕死的人，才能戰勝病魔，戰勝環境；但人終歸要死的，不過死的是軀殼，劉大白先生留下的文學作品，是永遠不朽的，他的精神是永遠存在的。

現在，我且抄一首大白先生的詩給大家欣賞。

將來的人生

不是從前，
不是現在，
人生只是將來。
從將來認取人生，
我們要斬斷葛藤似的從前，
我們要看破錦繡似的現在。

為甚要斬斷從前？
我們要進取將來。
讓從前擋住了將來，
誰忍受這般掛礙？

為甚要看破現在？
我們要創造將來。
為現在斷送了將來，
誰肯做這般買賣？

顧戀從前的，是從前的奴隸，
貪圖現在的，是現在的犧牲。
粉碎了從前、現在，
才露出前途無限的光明。

劉大白先生名靖裔，筆名大白、白屋、漢胄，浙江紹興人，留學日本，曾任浙江大學校長及教育部次長，復旦大學中文系主任。生於民國前三十二年，死於民國二十年，著有：

白屋詩話

舊詩新話

相思子

郵吻

舊夢

賣布謠

丁寧

再造

秋之淚

白屋遺詩

故事的罈子（短篇小說集）

白話書信（徐蔚南輯，大白死後，由世界書局出版）等十餘種。

盧冀野

出口成詩

我記得清清楚楚，曾把盧冀野先生給我寫的詩帶來了；但經過幾次翻箱倒篋，卻找不到那張條幅。說也奇怪，前天我下決心要著手寫這篇文章了，於是叫冰慧去壁櫥頂上那層去找，打開一個長方形的紙盒，她一伸手就拿到了。

「奇怪！真是奇怪！我找了幾年，都沒有發現，怎麼今天突然出來了，一定是冀野顯靈！」

我興奮地說著，連忙打開紙卷，唸著：

「長安倦旅雪中行　香米園西遇女兵

號角詩筒同一吼　黃河從此怒濤生

冰瑩兄紀念　冀野書於雁塔下」

望著，望著，這些字跡彷彿慢慢地在蠕動，漸漸地在擴大，眼前出現了一個胖胖的圓圓的臉孔，濃黑的眉毛，嘴上有短短的鬍鬚，穿著一身黑色的棉布中山裝，手裏拿著一根黑色的手杖，看起來活像一個大老闆；誰知道他卻是鼎鼎大名的江南才子盧前——冀野先生。

那是二十九年的一月某日，整個西安城被白雪籠罩著。氣溫低到零下十七、八度；房子裏燒了火盆，還敵不過由門縫裏吹進來的寒風。我正在《黃河月刊》編輯室看稿子，忽然聽到一陣笑聲，送進客廳。那聲音是那麼爽朗，那麼熟悉，我連忙站起來，開門一看，原來是佛千陪著一位大胖子來了。

「來，我給你們介紹。」佛千說。

「不用，不用；我們是老朋友！」

他這句話不但使佛千吃驚，連我也有點莫名其妙。我一時想不起在那裏見過他，後來猛然憶起戰前曾在上海庚白那裏會見過幾次，原來是盧冀野先生。

「好多年不見了，你怎麼來的？」

我和他握手，他又哈哈大笑起來：

「怎麼來的？坐汽車來的，騎馬來的！」

看到桌上一大堆原稿，冀野說：「你還是忙你的吧，我只要看看你就夠了；我們還要踏雪尋梅去。」

「西安很少梅花，你還是坐下來烤烤火再說。」我隨手給他們倒了兩杯熱茶，繼續說：

「對不起！今天我要綁票了，你是自己送上門來，《黃河》今天發稿，還差兩三千字；趕快坐下來給我寫，寫完，我請你們上天福樓吃涮鍋子去。」

說完，我馬上叫工友去請三哥和達明來。

「不行！不行！我很久不寫文章了。有紙嗎？趕快拿支大筆來，我寫首詩送你。」

那時候，路丁小姐做我的助理編輯，她站在旁邊向我伸伸舌頭，做了個鬼臉。我叫她趕快拿紙筆來，倒下墨汁，冀野立刻寫了上面那首詩，筆力雄健，將我從軍、編刊物的兩種生活都寫出了；而且還有地址——香米園。倚馬可待，真不愧為才子之作。

接著，他送了我幾本《中興鼓吹》，告訴我他們這次是參政會組織的西北視察團，因為聽佛千說我在這裏，所以特地冒雪來訪。這番盛意，真使我太感謝了。

那天晚上，我們吃得很痛快。冀野最喜歡吃魚，這是他的朋友們都知道的；一見到魚，他的口水就流出來了，只要筷子開動，不到吃光，只剩下骨頭，他是不肯放下的。冀野的酒量很好，三兄和達明也都能陪他豪飲。「人生難得幾回醉」，因為太高興，我也喝了不少。

赤子之心

不論和冀野有深交，或者只有一面之緣的人，對他沒有不留下深刻的印象的。他有一副直爽，痛快，坦白，熱情的性格。談起話來，口若懸河，娓娓動聽。有時幽默詼諧，有時痛快淋漓。他很健談，任何場合，只要有冀野在座，每個人都會感覺輕鬆愉快。他喜歡喝酒抽煙；但並非放肆失態。侍母至孝，待友熱情；如果遇到有朋友需要幫助的，他總是慷慨解囊，毫無吝色。他天真得像一個孩子，永遠保存著一顆赤子之心。

有一次他和朱玖瑩先生幾位朋友談話，正在談到很高興的時候，忽然郵差送來了一份訃文，他打開一看，好像觸了電似的，瞪著一雙大大的眼睛，呆呆地盯在那張紙上，兩手不住地發抖，越來越厲害，兩行熱淚從他的眼裏流下來了，在座的客人都驚訝起來，弄得手足不知所措；原來那是佛學大師歐陽竟無的惡耗。過了很久，他勉強壓制著悲哀，哽咽地談起歐陽先生的治學和做人，他越講越傷心；忽然又放聲大哭起來，激動地說：「在老輩朋友當中，能夠罵我的，只有這個人，現在完了！完了！唉！……」

冀野對朋友的熱情，這僅僅舉一個例子而已。

民國三十一年的冬天，冀野赴福建永安就任國立音樂專科學校的校長，在金雞嶺上遇到土匪，他們錯認冀野是陳肇英，想要綁票，把他劫持到寨裏去，冀野態度從容，不慌不忙地用幽默的口吻說：「老兄，你弄錯了！我不是陳肇英，他沒有鬍子，我有鬍子，我是個窮教書匠呢！」

一面說，一面摸摸他那稀疏的鬍子（他在四十多歲便開始蓄鬚），土匪真的立刻把他釋放了。

冀野就是一個這麼輕鬆幽默而富有風趣的人。

記得那年，我在馬來亞和易君左先生談到冀野，都認為像他那種健康的體型，曠達的心情，是不應該死得那麼早的；君左並且說起他們兩人曾在成都合照了一張相片，一胖一瘦，他題了一首詩：

「十載豪遊萬事乖，君肥我瘦共沉哀；

若非居易和元稹，便是勞萊與哈台。」

君左瘦得像「馬來式排骨」（臺灣排骨上還帶一些肉，馬來亞的排骨，乾乾淨淨，真的只有骨頭。），冀野以肥胖著名，在小鬍子下面，老是含著一支香煙，這就是他的標記。

他永遠是樂觀的，豪爽的，即使天塌下來，他也不著急，所謂心廣體胖，真是一點不錯。

我最佩服冀野的地方，是他能夠「脫俗」。有人寫了一本書，總是希望錦上添花，加幾頁名人題字，或者請名人寫一篇序言。本來作者是一番好意，希望指教、批評、推薦，……但往往被人誤解，有點「我的朋友胡適之」的味道；在寫序或者題字的人，一本中國舊道德，隱惡揚善，言不由衷；因此讀者常被蒙蔽，然而冀野例外，他一生的寫作很多，常常自己寫序，有一次居然請他學生寫序，例如《廣中原音韻小令定格》（二十五年中華書局出版），就是由他的學生陳璞珊作序。的確，他是一個真正能脫俗的人。

還有一個例子，是他從來不願意做官。按他的社會關係來講，做官的機會很多；但是他都說：「能為狂士終豪俠，豈必才人盡達官？」這兩句話在抗戰時曾傳誦一時，可見他的人生哲學是多麼瀟灑達觀，超然脫俗；因為達觀，所以他看破名利；因為脫俗，才能保存赤子之心，才能永遠存真。

著作等身

冀野的健談和幽默，最能引起學生們的興趣。他在成都四川大學講詞曲的時候，堂堂滿座，許多沒有選修詞曲的學生，也來旁聽。他一生研究詞曲，又得到詞曲大師吳梅（瞿安）先生的真傳，加上自己的才氣和努力，當然有異乎常人的成就。

當他講課的時候，背誦詩詞，滔滔不絕，也像吳宓（雨僧）背誦《紅樓夢》似的令人驚嘆，像酷暑飲冰，真是痛快淋漓。

他一生的重要工作，也可以說他的最大志願，是整理中國的詞曲，包括搜集民間樂府，像他所出版的《飲虹樂府》及《飲虹簃所刻曲》三十多種，都是流傳在民間的詞曲雜劇，如果不搜集起來，只靠傳授，日子一久，便會消滅了；此外他還校訂了許多有關詞曲的書籍，像《太平樂府》，《樂府新聲》，改正了許多錯誤（參閱附錄一盧前校訂編著曲學書目）。他又將他研究詞曲的心得，寫成了幾本書，像《中國戲劇概論》、《中國散曲概論》、《詞曲研究》等等，這對於中國文壇，是一項偉大的貢獻。

我對於詞曲，完全是外行，只喜歡欣賞，不會寫作，前幾天在一位朋友家裏，聽到紹興戲《黛玉葬花》，我聽起來那聲音實在刺耳；但說明書上面的唱詞的確是詞藻綺麗，韻味雋永。在元曲裏，可以找到許多美妙的詞句，一些讀者甚至於迷戀著《西廂記》裏面的〈遊園〉、〈驚夢〉和〈長亭送別〉，並不是單為它的情節而感到興趣；主要的是文字上的運用，達到了婉轉、纏綿的盡致。文字固然可以運用在兒女私情上面，為什麼不可以用在表揚愛國精神呢？在這一方面，冀野在抗戰期間，他是百分之百地做到了！

他辦《中興鼓吹》，就是為了要用通俗美妙的文字，寫成動人心弦的詩詞來鼓勵前方將士，為國奮鬥犧牲，爭取最後的勝利。當時，這份《中興鼓吹》，是免費贈送給前方將士閱讀的，目的是在復興中華民族，這是抗戰文藝中突起的一支生力軍，貢獻很大。

談到詞曲，也許有少數人會認為那不過是花間綺語，是那些騷人墨客在那裏搔首弄姿，無病呻吟；可是在《中興鼓吹》裏，我們找不到一點兒女私情；尤其冀野的詞，大有氣拔山河的力量，現在我且抄他一首〈滿江紅〉為證，這是歌頌死守四行倉庫的八百壯士的：

「尚有孤軍，留最後鮮血一滴，準備著，頭顱相抵，以吾易敵。蘊藻濱前鉦鼓動，蘇州河上旌旗色，看青天白日正飛揚，君應識。眾口誦，征倭檄，望閘北，兒童泣。問橋頭大廈，近來消息，萬國衣冠都下拜，千秋付與如椽筆，記張巡許遠宋睢陽，今猶昔。」

冀野的才氣是橫溢如流的，他出口成章，美妙自然。三十五年六、七月間，曾隨于右老赴新疆巡視，歸來作《新疆見聞》一書，裏面收集〈天淨沙〉一百零八首，盧元駿先生曾在冀野的騎馬單相背面，寫了一首〈天淨沙〉：

「平沙肥馬英姿，短衣散髮微髭，萬里關山遙指，可憐壯志，空留八百雄詞。」

元駿先生曾隨冀野遊學，所謂名師出高徒，從此又得一證明。

冀野對於文字的洗鍊，是十分重視的，這是他的風格，所以在他對於新詩所下的定義是：

「用美妙的字句，在適當的地方，組成音節自然，情意真摯，簡鍊明白的詩句，而且成為有秩序，有結構的篇章。」

最可惜的是他到了晚年，因為深鎖在鐵幕裏，受著生活的熬煎，不得不寫章回小說以苟延殘喘，他內心的苦痛，可想而知。

正氣千秋

想到一代才人窮得一貧如洗，靠賣章回小說來維持生活，真令人痛惜！細細研究一下，這裏面是有原因的：

三十五年十一月，南京市政府初設通志館，聘請冀野為館長；三十七年一月，遵內政部令，改立南京市文獻委員會，通志館附屬在會裏，冀野曾主編了一本《南京小志》。三十八年大陸撤守的時候，冀野因為老母在堂，一時無法離開，便陷在南京了。為了一家老小要活命，他不得不改寫章回小說。在那種窘困的生活中，他還沒有忘記幫助比他更窮的朋友。後來有通志館的一位職員以莫須有的罪名控告他，於是清算盧前的風聲傳遍了南京，使他的精神上受到莫大的打擊。

同時，還有一件事，也是使他最痛心的。他親眼看到當時有成千成萬的舊書和珍本，都當做廢紙論斤出賣（其中有一部份流到香港，又轉賣到外國圖書館。），怎不痛心疾首？這樣一來，血壓更高了！加之他原來就有腎臟炎、糖尿病一類的宿疾，至此一併發作，結果於四十年四月十七日病逝於南京醫院。

冀野去世了，他得到了解脫。他的軀殼雖然離開了人間；但他的音容笑貌，永遠存留在每個朋友的腦海裏，他的著作和他的精神，將長留青史，永垂不朽！

（冰瑩附註：承梁實秋、朱玖瑩、繆天華、盧元駿四位先生供給我一部份資料，特此致謝）

附錄一

盧前校訂編著曲學書目

一、元人雜劇全集（上海雜誌公司版約十四冊）

二、戲曲叢刊（中華書局版）

三、散曲集叢（商務印書館版。已出二十種，與任中敏合編）

四、飲虹簃所刻曲（家刻本初集三十種）

五、校印清散曲二十種（國立成都大學本已出十五種）

六、校本太平樂府（商務印書館版、萬有文庫本）
七、校本樂府新聲（商務印書館版、四部叢刊三編本）
八、中國戲劇概論（世界書局版）
九、中國散曲概論（大東書局版）
十、明清戲曲史（商務印書館版、國學小叢書本）
十一、讀曲小識（商務印書館版）
十二、詞曲研究（中華書局版、中華百科叢書本）
十三、明代婦人散曲（集中華書局版附婦人曲話）
十四、廣中原音韻小令定格（中華書局版）
十五、曲韻舉隅（中華書局版。「例言」前自署飲虹簃主人）
十六、校本詞讉（中華書局版）
十七、曲雅（開明書店版、四川存古書局版）
十八、續曲雅（開明書店版）

十九、元明散曲選（商務印書館版、中學國文補充讀本）
二十、明雜劇選（商務印書館版。元清雜劇選，中學國文補充讀本）
二一、飲虹樂府（家刻本散曲集）
二二、飲虹五種（渭南嚴氏刻本。袖珍排印本雜劇集）
二三、楚鳳烈傳奇（蔣氏湖上草堂印本）
二四、論曲絕句（蜀刻本。排印附曲雅本）
二五、樂章選（福建音專出版）
二六、魏三祖詩
二七、樂府古辭考
二八、詞謔（倣宋版連史紙明無名氏原著）
二九、清都散容二種（倣宋版）　趙南著
三十、紅雪樓逸稿　蔣士銓著

附錄二

盧前著《中興鼓吹》版本一覽

一、中興鼓吹（三卷，線裝袖珍本） 漢口

二、中興鼓吹（二卷，平裝。有汪辟疆、林庚白序） 重慶版

三、中興鼓吹（二卷，木刻線裝。上卷小令，下卷慢詞，不以時期先後為序） 成都版

四、中興鼓吹選（一卷，任中敏選。文通書局印行） 貴陽版

五、漢英對照中興鼓吹（戴乃迭、楊憲益譯。開明書店印行）　桂林版

六、英譯中興鼓吹（戴乃迭、楊憲益譯）　海外版

七、中興鼓吹鈔　永安版

朴花城

當一九六五年五月，潘琦君、王蓉子兩女士與我訪問韓國的時候，女苑社的金社長曾在朝鮮旅館舉行盛大的雞尾酒會歡迎我們，到了作家、教授一百餘人，那天擔任主席致歡迎詞的，就是韓國的元老女作家朴花城女士。

高高的個子，白白的皮膚，長形的臉上戴著一副深度的近視眼鏡，說起話來有條有理，充滿了熱情，她給我的第一個印象是誠懇，厚道。我們真是一見如故，儘管因為言語隔閡的關係，不能暢所欲言，到了萬不得已時，只好借用她們討厭的日語來交談。

「遇到特殊情形，我們也可以講日語的。」

聽到朴女士這句話，我高興極了；因為在我看來，自己的日語遠較英語流利，在訪韓期間，我們見面的機會雖然很多，而談話的機會很少，直到十月，她和崔貞熙、金淑經兩位女士訪問臺灣的時候，整整十天，我們都在一塊兒；特別去南部訪問的時候，我陪著她們可說是寸步不離。在由臺中回臺北的火車上，我訪問了她們關於寫作方面的許多問題，這是我寫她們印象記的動機。

「請問你從什麼時候開始寫作，第一篇作品是什麼名字？」

我開始用記者的口吻問她。

「我在十一歲的時候，就有寫作的衝動，開始寫文章，十九歲那年，我寫了一部長篇小說《白花》，內容是描寫一個妓女反抗封建思想的故事，經過中央文壇承認，這是部合格的作品，從此我就走上了寫作之路。」

「你真是天才，這麼早就一鳴驚人了！」

「那裏？我沒有天才，只靠著不斷的努力。」

「你寫稿，有一定的時間嗎？每天在什麼時候？」

「我從早晨六點就開始寫，因為休息了一夜，腦筋清醒，精力充沛，最適宜寫作。」

「一天大約可以寫多少字？」

「最多寫五十頁稿紙，兩百字一張的。」

「一天一萬字，真是多產！」

說著，我們都大笑起來。

「你一共寫過多少長篇和短篇，裏面的故事是真實的還是虛構的？」

「我寫過《白花》、〈越嶺〉、〈斷崖之花〉等長篇小說二十多種；〈沒有故鄉的人們〉、〈洪水前後〉等短篇小說五十餘種，裏面的故事，有些是真實的；但大多數是我虛構的。」

「當你寫完一篇文章或者一部稿子的時候，你心裏的感覺怎樣？是快樂呢？還是難過呢？」

「自然最快樂；不過假如我寫的主角死了，我就會感到特別難過，甚至傷心！」

「我也有同感，」我連忙接著她的話說：「有時我還替主角痛哭流涕呢！」

於是我們四個人都同時大笑起來。

「你覺得小說裏面主題和故事那一樣重要？」

「我以為主題重要。」

「你喜歡寫喜劇還是悲劇？」

「兩者都寫。」

「恕我冒昧地問一個問題，你自從寫文章以來，遭受過退稿沒有？」

「沒有。因為第一篇文章，既然被批評家承認了，以後就一帆風順，不會發生問題了；這是敝國一種很好的批評制度，公正而嚴明，絕對沒有私見，誰被承認有作家的地位以後，他的文章就被重視了，不論投寄到什麼刊物上去，都可以發表。」

「這是一種很好的制度，不但可以鼓勵作家，創作出更好更精彩的作品，也可以幫助讀者解決了選擇讀物的大問題；同時還提高了文藝水準，真是一舉數得。」

「在你的許多作品裏面，你認為最滿意的是那幾部？」

「沒有什麼特別滿意的，也沒有什麼憎惡的，都是自己的心血寫成，多少有一點愛惜之意。我寫了一部自傳，大約有四百多頁，在女苑社出版，關於我從事寫作的經過，在那裏面寫了不少。」

我們的談話越來越多，範圍也越來越廣了，由寫作很自然地談到她的丈夫兒女，她說：

「我的夫君叫做千篤根，是工大畢業的，在一九五九年五月十六日去世了，他是個大好人，經常鼓勵我多寫，每部作品出版的時候，我要贈送朋友，他就替我寫封套……」

說到這裏，她的眼睛濕潤了，我怕引起她的傷心，連忙換了一個話題。

「你有幾位少爺小姐？」

「三個兒子，一個女兒。大兒子是評論家；老二是小說和戲劇家；老三專攻英文，現任空軍中尉；女兒畢業於梨花女子大學英文系，結婚之後，生了一男一女，如今她已成了十足的賢妻良母。」

「聽說貴國的稿費，比臺灣要高一點，你一年的版稅和稿費收入很可觀吧？」

「不多，不多，剛剛夠維持生活。」

由生活，我們又談到了青年作家，朴花城女士說：

「現在的青年作家，比我們幸福多了！因為我們這一代，是從黑暗中獨自摸索出來的，他們呢？得獎的機會很多，動不動有五十萬、百萬的獎在等著他們，至少也有十萬元。他們所接觸的文學作品，也愈來愈多了，現在正是他們的黃金時代，年老的作家，已經替他們鋪好了路，只要他們勇敢地走去便行。」

「對於各種的文藝思潮，你所愛好崇拜的是那一種？」

「我是一貫的愛好寫實主義。」朴女士毫不猶疑地回答我。

「你除了從事寫作外，還參加那些社會活動？」

「我擔任女流文學會會長，和五月文學獎的審查委員，及韓國文人協會理事；我又是國際筆會的會員，有時要到國外出席會議，幾乎整天都有工作，不會讓你閒著的。」

「今天我們談的話不少了，最後我有一個問題，請你忠實地回答我。」

「我從來沒有不忠實的，你這句話有毛病。」

我聽了哈哈大笑，連忙向她賠禮：

「對不起！對不起！我所謂忠實，因為有一個問題是你對於臺灣的印象，我希望你毫不保留地說出來。」

「當然啦，我們是學文學的，不會說什麼外交詞令。我們很天真，很坦白，有什麼，說什麼。臺灣給我的印象，什麼都好，我所看到的人都是那麼熱情、善良、仁慈、親切，中國素來是一個民族性堅強的國家，無疑義地，任何侵略勢力，不能壓迫他的。眼看著三軍的力量，一天比一天強大，軍民又能團結一致，我相信你們不久一定會收復大陸的。」

「謝謝你的讚美和鼓勵，那麼壞印象方面呢？請你把真心話說出來。」

這回我把忠實二字取消了。

「貴國招待外賓太客氣了，我以為應該節約一點；還有公共衛生，和公共秩序似乎也差一點，不過這是我和你私人談話，你不能發表的。」

在這裏，我要向朴女士致歉，我終於把這幾句話公開了，其實這是最好的箴言，只有最要好的朋友，最親信的知己，才這麼坦白地說出來；何況這是事實，我們應該改良的。

「你回去後打算先寫什麼？」

「先寫遊記，記述我們訪問的十天印象，然後再分門別類地介紹自由中國的進步情形。」

朴花城女士的訪問記，到此暫時告一段落；但最後我還要簡單地介紹一下：

朴女士一九〇四年生於韓國漢城，一九二九年畢業於日本女子大學英文系，曾任中學教員及韓國文人協會理事，國際筆會會員，韓國中央審議員等；現任五月文學獎審查委員，自一九二五年開始寫作，曾獲木浦文學獎、梨花女子大學先驅功勞獎等。

著作有長篇《白花》、〈越嶺〉、〈斷崖之花〉等二十種；短篇有〈沒有故鄉的人們〉、〈洪水前後〉等五十餘種，是韓國最有名望、最有地位的元老女作家。

崔貞熙

崔貞熙女士，雖然是上了五十歲的人；但她的活潑、熱情、一舉一動，完全像個青年人，那麼天真，那麼可愛。她的個子很小，拿嬌小、玲瓏來形容她，是很恰當的。

她也像朴花城女士一樣，有一個幸福美滿的家庭，只是發生了一件不幸的事，她的夫君金東煥（號巴人）先生，被北韓共黨俘以後，至今生死不明，這是使她日夜憂慮的一件事，儘管朋友們安慰她：「金先生不久就會回來的。」她總是搖一搖頭，重重地嘆息一聲：「誰知道呢？也許他早已不在人間了！」說著，她的眼淚將要奪眶而出，於是我趕快換個話題。

「崔女士，你是從什麼時候開始寫作的？處女作的題目是什麼？」

「我在二十八歲以前，是《朝鮮日報》的記者，後來興趣忽然轉到了寫小說，我用第一人稱寫了個短篇小說〈兇家〉，題材完全是虛構的，主題說明疑心生暗鬼；沒想到這篇文章，居然給中央評議會的審稿諸公看上了，他們認為我可以寫小說，這給了我很大的鼓勵和安慰；接著我寫了〈洋夫人〉，也是虛構的故事，曾接到好幾位讀者來信，問我有無小說裏面的經驗，其實我一點沒有，完全憑想像寫成的。」

「你以為什麼時候最適合寫作？」

「這要看各人的興趣和習慣。我喜歡早晨四點開始寫，一直寫到七點才準備早點。」

「四點？天還沒有亮，你起來寫不太累嗎？晚上什麼時候休息？」

「我睡得很早，九點就上床了。」

「你喜歡寫喜劇還是悲劇？」

「悲劇。」

「為什麼？」

「因為我覺得人生是苦惱的，孤獨的，我曾經寫了一部《天脈》、《地脈》、《人脈》三部曲，描寫人間的苦惱，想不到出版只有一個星期，就全部賣完了。」

「這一定是你的一部代表作，對於自己的作品，還有那些是你最滿意的？」

「我都不滿意。《點禮》這部小說，曾有英、德兩種譯文；《蟋蟀》也有中、英兩種譯文。」

「這就是你的光榮，也是你的作品受廣大讀者歡迎的原因。近年來，有些現代派的新作家主張作品不要主題，你的看法怎樣？」

「不要主題？這怎麼可以？那麼他寫些什麼呢？我認為主題是最重要的，一篇文章缺乏主題，等於一個人沒有靈魂一樣。」

關於寫作方面的話，談得不少了，於是我們又把談話轉到了家庭。

「你是什麼時候結婚的？有許多女作家結婚之後，家事奪去了她寫作的大部份時間，丈夫也干涉她，使她不能自由自在地創作，你呢？有沒有這些麻煩？」

「沒有，外子是一位詩人。他待我太好了，經常鼓勵我寫作。他曾出版過《國境的夜》、《海棠花》兩本詩集，在韓戰的時候失蹤，至今沒有消息；我自從受了這個打擊之後，心裏痛苦萬分，因為有了這個痛苦的經驗，我一連寫了二十多篇小說，都是悲劇的。」

「讓讀者去分擔你的憂愁，你的痛苦，讓他們替你流淚，你應該不難過了。」

說完，我們相對淒然一笑。

「你的少爺小姐都在漢城吧？一共有幾位？」

「我有一個男孩，兩個女孩；男的現在一個法國文化機關擔任英文報翻譯；大女兒畢業於梨花女子大學英文系，曾得過女苑社的新人獎，她結了婚，而且做了母親；小女兒現在梨花女大讀二年級，她是學繪畫的。」

「他們都成家立業了，你該好好地享享福了。」

「享福？還談不到呢！我們從事寫作的人，恐怕一輩子也沒有福享。」

我們都笑了，這是苦笑。

「除了寫作，你平時做何消遣？」

「我喜歡聽音樂，包括古典的，流行的民間音樂，也喜歡看電影；更喜歡旅行；可是有一件事最傷腦筋，一出了門，換一個新的地方就不能睡覺。」

「那麼，你來到臺灣，也是夜夜失眠嗎？」

「當然，夜夜失眠。」

「太痛苦了，你應該想法糾正這個毛病才行。」

「唯一的辦法是吃安眠藥，前天在教師會館就是因為吃多了安眠藥中毒，所以不能和你們一塊兒參觀中興新村，真是太可惜了！」

她說到這裏，我立刻想起崔女士躺在床上呻吟的情景來：

「我不能和你們一同去參觀，實在太難受了！但是我的頭這麼痛，我爬不起來，怎麼辦？怎麼辦？」她著急地說。

「你的失眠症，要趕快治好才行；要不然，出外旅行，實在太辛苦了！」

我安慰她，只好留下她一個人躺在那裏。

「你回國後，有何打算？是不是想拿臺灣做背景寫篇小說？」我問崔女士。

「對了，你一猜就猜著了，我已經打好腹稿，要以臺北中興大橋為背景，寫個短篇小說，男主角是臺灣人；女主角是韓國人。」

「是悲劇，還是喜劇？」

「這個嘛，現在恕不奉告。」

她在賣弄關子。

「我希望是喜劇，因為這也是中韓文化交流呀，應該是喜劇才對。」

我們都笑了。

「臺北給你的印象怎樣？」

「我是比較好動的，所以我請朋友帶我去過圓環，咖啡店，馬路上的小攤，我覺得小攤上的東西又好吃又經濟；只是街上的環境衛生不大好；老百姓的勤勞、努力，是民族復興的好現象。」

「還有呢？」

「還有，貴國的軍事長官都是尊重女性的，我們參觀過陸、海、空官校、士校，每到一處，都受到他們熱烈的歡迎，殷勤的款待，使我們太感謝了。」

「我們在貴國的時候，也一樣地受到諸位長官的熱忱招待，你回去見到他們的時候，請替我問候。」

我們的談話，彷彿永遠沒有完的時候；但我還要訪問金淑經女士——這位默默無言的婦女作者，在十一年前，因感覺男女應該平等，就創辦《女苑》雜誌，如今已銷行全國，達到十萬份的最高紀錄。

至於崔貞熙女士的生平，在這兒，我要做一個簡單的介紹：

一九一二年生於漢城，畢業保育大學，曾任《朝鮮日報》記者，《三千里》雜誌編輯；現任現代文學雜誌薦舉委員。自一九三七年開始寫作，著有長篇小說〈人間史〉，曾獲漢城市文化獎；〈人生歌讚〉，曾獲女苑社首屆韓國婦女文學獎；其他有《無限的浪漫》、《綠色之門》、《黑衣女》等十餘部，短篇集有《天脈》、《地脈》、《人脈》、《頂風》、《風流小村》等二十餘部；散文集有《情感的來歷》、《青年的證言》等，是韓國一位擁有最多讀者的女作家。

康沙禮士

矮矮的個子，嘴裏老啣著一個木製的煙斗，鼻梁上架著一副近視眼鏡，表情深沉而和藹，有時會發出哈哈大笑，像一個天真的孩子，這就是菲律賓的名作家康沙禮士。

康沙禮士先生給我印象最深的是那晚師大的同學請他在樂群堂講演，同時出席的還有女詩人穆瑞諾小姐；專欄作家華謹先生；畫家朱一雄先生；詩人亞薇先生，由趙友培先生和我做主人。

在請康沙禮士先生講演時，他首先用幽默的口吻說：

「我要聲明，我在菲律賓大學，是個副教授，今天到貴校來，主席介紹我是教授，實在不敢當，這麼快就升了一級！我今天講的話如果有不對的地方，還得請大家原諒，原諒我是剛剛升級的。」

一陣哄堂大笑的聲音，表示了對康沙禮士熱烈的歡迎。

接著他用嚴肅而稍帶憂鬱低沉的調子，講述近代小說的思潮。他認為自從世界第二次大戰以後，很多人的心裏，充滿了失望、煩悶、苦惱、不安。許多作品裏誇張殘暴，赤裸裸地描寫性生活，敘述著絕望與灰心，這些都是由於殘酷的戰爭所引導出來的思想和情感，這是一種可悲的現象。

他認為文學的功用，應該是改善人生、批評人生、指導人生的。作品最可貴的在於主題的正確，文藝給予人的影響，應該是向上的、光明的；充滿了熱、充滿了愛、充滿了希望的。

他的演講簡單明瞭，給聽眾一個很好的印象；我尤其佩服他那種別人做不到的坦白——居然否認是教授，老實地承認自己只是個副教授，其實他不聲明又有什麼關係呢？由此可知他不但沒有絲毫虛榮心，而且最厭惡的是虛榮，他是個老老實實的鄉下人，是一個全身沾滿了泥土氣息的好作家。

四月三日，我們陪菲律賓文藝訪問團赴臺中訪問並遊覽日月潭。在火車上，有四個多小時的休息，我正好利用機會訪問一下康沙禮士成名的經過；加之他曾經看過拙著《女兵自傳》的英譯本，我們之間似乎早就成了朋友，因此談起話來，一點也不感覺生疏。那天在中興大學就讀的曹維懋小姐，就坐在我的旁邊，康沙禮士和友培坐在我的對面，許多我說來辭不達意的話，就由曹小姐擔任翻譯，因此我提的問題越來越多了。

問：康沙禮士先生，請問你從什麼時候開始寫作？

答：十九歲那年開始寫詩，廿五歲時才寫小說；我受中國文學的影響很深；因為我的鄰居是中國人，所以他們給了我許多寫作的靈感。

問：你第一篇發表的文章是什麼題目？你一共出版過多少著作？以那一部認為最滿意？

答：第一次發表的那篇文章叫做〈四月的風〉，是一篇散文。我出版過三部長篇小說，兩部短篇小說。今年三月我出版了一部《竹舞者》，我自己對它還算滿意，曾受到美國文壇的好評。

說到這裏，他馬上打開手提箱，取出一本 "*Children of the Ash-Covered Loam and Other Stories*" 簽名送給我；我連忙向他道謝，再繼續我的訪問。

問：你開始投稿以來，遭遇到退稿沒有？灰不灰心？

答：退稿，那是家常便飯，並不稀奇，我已記不清退過多少次了！（我們哈哈大笑）記得我最初寫稿的時候，從離我家八公里的地方去借打字機把文章打出來送去報館，過幾天再走八公里路去把退稿領回來！雖然如此，我從來不知道什麼叫做灰心！

「了不起，真是了不起！」我們同時鼓起掌來。

問：你經常在什麼時候寫作？寫作時，你感覺最困難的是什麼？最容易的是什麼？

答：我寫文章，沒有什麼太固定的時間，有好的題材時，想到就寫；不過經常在早晨寫作，因為那時，我的頭腦比較清新；至於講到寫作的難易問題，我認為要想寫一篇很好的文章，永遠是一件難事。

問：你寫小說時是先有故事，後有人物；還是先有人物，再安排故事呢？

答：不一定，有時先有故事，有時先有人物，有時卻兩者都有。

問：你在描寫人物的時候，是否人物痛苦，你也痛苦；人物快樂，你也快樂？

答：當然！

問：你寫的小說是長篇多，還是短篇多？你認為寫小說是短篇容易，還是長篇容易？

答：我寫的短篇小說比較多，小說要寫得好，短篇、長篇一樣不容易。

問：你寫長篇小說時，列不列人物表？寫不寫大綱？

答：列人物表；可是很少寫大綱，因為我小說中的人物，大多數都是最熟悉的，所以他們在我的腦子裏的印象很深，想寫就寫，靈感來時，寫得特別快；有好的故事，寫起來也特別容易。

問：你寫完一篇文章後，要修改幾次？

答：很多次。最高紀錄達到過二十次，〈泥土〉這一篇，就改過十五次。

在我所知道的作家裏面，對寫作特別認真，改了又改的要算托爾斯泰，他曾經把《戰爭與和平》，修改過七次，如今聽了康沙禮士修改二十次的話，不覺使我大為驚訝！儘管他所說的修改，有時是一個字或一個標點；但由此也可以說明他對寫作的認真，一點也不肯馬虎。

問：當你一篇文章寫完了，是感覺心情輕鬆愉快，還是沉重難過呢？

答：非常愉快。

問：你每年的版稅收入，大概有多少？

答：（哈哈大笑）很少！很少！我相信我們都不是為了金錢而從事寫作的吧？

「當然！」我回答他，順便問到他的夫人是否也愛好文藝。他說：

「內人和我同事，她在菲律賓大學教英文，喜歡散文，我們兩人都愛買書，寧可不買冰箱；而書是非買不可的！」

康沙禮士有四個孩子，兩男兩女，這真是最理想的數目。

敘完了家常，仍然回到本題來。

問：在你讀過的世界名著裏面，你最喜歡的是那幾部？

答：斯坦達爾的《紅與黑》，托爾斯泰的《戰爭與和平》、《安娜・卡列尼娜》，福羅拜爾的《波華利夫人》……

說到《波華利夫人》，康沙禮士的眼睛突然亮了，他說：「這本書寫得太好了，簡直可以拿來做教科書讀：他告訴讀者，什麼是該做的，什麼是不該做的。」

談到這裏，恰好有朋友拿來當天的《新生報》，上面有劉芳剛先生一篇〈現代小說的潮流〉，這是訪問康沙禮士的文章，昨天我已經看過上篇了。他要曹小姐把要點譯給他聽，一面微笑，一面不住點頭，顯然地，他對於這篇特寫，是相當滿意的。

最後我問他來到臺灣以後，什麼地方給他的印象最深？

「蘇花公路和橫貫公路，那兩處的風景太美了！」

火車的聲音，蓋不住我們的談話聲和笑聲。

康沙禮士望望外面的風景說：

「臺灣的鄉村，也和我們菲律賓的鄉村一樣，風景太美了！」

真的，臺灣的鄉村風景太美了，愛好文學和藝術的人，沒有不愛鄉村的；原因是鄉村不但有幽美的風景，更有淳樸的風氣和真摯熱烈的感情。怪不得康沙禮士的作品特別受人歡迎，因為他是一個來自農村的作家，他有一顆最純潔的赤心，和滿腔熱愛人類熱愛世界的情感。

羅曼羅蘭

回憶起來，已經是三十多年前的事了。

那時我在上海，過著亭子間的苦學生活；忽然有一天，從汪德耀先生的手裏，接到一封由法國寄來的信，我只認識自己的名字和羅曼羅蘭的簽名。我高興得連眼淚都快要流出來了，因為我曾經讀過他的《托爾斯泰傳》、《歌德傳》和《悲多汶傳》（編按：今多譯為《貝多芬傳》）。他是我早已欽佩的國際作家；可是信裏面說些什麼呢？我莫名其妙，我深深地後悔那年從王獨清先生學習法文，不應該半途而廢，到現在連最簡單的句子也忘記得乾乾淨淨，幸好汪先生馬上替我譯出而且他要我當天回一封信給羅曼羅蘭。不用說，又是請汪先生譯成法文，只有簽名，我用了三個中國字，我滿以為以後還能接到他的信，獲得更多的教益；誰知那是他給我的最初亦是最後的信，從此永遠地不能見到他的筆跡了！

他給我的信，大意是這樣的：

「……我從汪德耀先生譯的法文《從軍日記》裏面，我認識了你——年青而勇敢的中國朋友，你是一個努力奮鬥的新女性，你現在雖然像一隻折了翅膀的小鳥；但我相信你一定能衝出雲圍，翱翔於太空之上的。朋友，記著，不要悲哀，不要消極，不要失望，人類終久是光明的，我們終會得到自由的！……」

像這樣有力而熱情的句子，我怎能忘記呢？像背《聖經》似的，我常在看到他的名字或讀到他一本譯作時，我便要在心裏默誦一遍他給我的信，羅曼羅蘭先生呵，我永遠記念著你！

凡是愛好文藝的，都知道羅曼羅蘭不但是法國的一代文豪；而且他是個極端反對侵略戰爭的健將！在他的作品裏，充滿了仁愛，充滿了和平，充滿了民主自由的思想。為了反對戰爭，曾被自己的祖國驅逐出境，亡命瑞士，度著最堅苦不自由的生活，他卻一點也不灰心；相反地，經過這次打擊之後，他更加堅定了他的信仰，他堅信黑暗勢力終久要消滅，光明終久是賜給那些能奮鬥的人們的。他不但整天拿著他的筆桿不停地讚美自由，歌頌和平，描寫社會一切不幸者的遭遇，和統治階級必然崩潰的事實；他更伸出正義的手來，和全世界愛好和平的作家，取得嚴密的聯繫；尤其是我們中國的作家，有好幾位曾經是羅曼羅蘭的筆友。他特別愛中國，為的是中國是個被壓迫而又反抗力最強，同時又是個最愛自由和平的國家。抗戰期間，他曾發表許多讚美我國人民英勇抗戰的談話和文章。法國淪陷，大家都掛念著他的生死存亡，他雖然是個七十多歲的老人了，一點也不消極；他相信他的祖國總有光復的一天，侵略者的勢力愈膨脹，證明他們接近墳墓的日子也愈近。

果然，這一代偉人的預言實現了，法國終於復興了，得到了光明；可惜我們的羅曼羅蘭先生，就在這時卸下了他的救國救民的責任而長眠了！這是多麼痛心的事呵！

羅曼羅蘭先生，誕生於一八六六年一月二十九日，歿於一九四四年十二月三十日，享年七十八歲，曾於一九一五年獲得諾貝爾獎金。他的著作很多，被介紹到中國來的，有劇本《七月十四日》、《但東》、《聖路易》、《理性的勝利》等；傳記文學有《歌德傳》、《悲多汶傳》、《托爾斯泰傳》、《甘地傳》；長篇小說《約翰克利斯托夫》，更是大家最熟悉最愛讀的傑作。

全世界讀者所景仰的偉大作家羅曼羅蘭先生離開人間了，他的未完成的責任，分擔在我們的肩上，他底燦爛的藝術光芒，將永遠地射在全世界每個角落裏，每個為真理而奮鬥的戰士身上！

當我們的國家，被赤色帝國主義者侵略的時候，我特別想念羅曼羅蘭先生，也特別想念他的話：「人類終久是光明的，我們終會得到自由的！」

再見！秋水！

畢璞／著

本書收錄十一篇短篇小說，述說著男女之間曖昧而深刻的故事。戀慕、愛惜、遺憾、懊悔……，畢璞女士織就的六〇年代的愛情故事，在時光的長河中絲毫不減其色，經過歲月的沉澱，依舊能夠帶給人們無限的啟發與感動，映照出各式的人生體悟。

天國的夜市

余光中／著

本書收錄余光中年少時的詩作六十二首。他讓那段時光渲染成久遠的思尋，斟一壺青春的酒，仰首便成美歌；作一段青春的詩，揮毫便成佳作。他有著才華洋溢的靈魂，仰一仰月，月便該成色。他輕語，語調恍若欲輕捻熄夜讀的燭光；重語，聲韻字字鏗鏘猶一支砲彈如燃，偶爾藏起一頁青澀於話語中，偶爾又露出一小片犀利冷銳的鋒芒。

無法掩藏的時候

陳肇文／著

生命的所有經歷最終都歸結至情感以及愛。向陽評陳肇文是「十足地表露一個醫學院詩人的冷智與熱愛，……透過詩作，漸近地、由淺入深地探索著愛與生命的課題」。本書收錄了作者醫學院七年學生生涯中的見聞行思，那些點滴凝結成文字，落筆成詩，傳遞歲月遞嬗以及情思的流動。

北窗下

張秀亞／著

一扇向北的小窗，為心靈繫上想像的翅翼，一泓曲澗、一枚小石、一片綠影，醞釀成一篇篇的飄逸情思。張秀亞女士在窗內捕捉璀璨的意象，於窗外尋繹人生的啟示。她的文字，有掇拾記憶與自然的喟嘆、洞徹人性及真理的光輝，洋溢著動人的芬芳。她用深富哲思的文筆，樹立抒情美文的典範。

我與文學

張秀亞／著

「美文大師」張秀亞女士以美善的心靈、細膩的情思、優美的文字寫成這本《我與文學》。它將開啟你的心靈，讓你以新的眼光來看待身邊的一切，發現日常的美麗輪廓。

那飄去的雲

張秀亞／著

本書收錄十六則小說，捕捉縹緲的情愛絮語，或憂或喜，都在傾刻流洩的一念之間；描寫稚子翻騰而真摯的小小願想，晶瑩動人。從她的筆端真誠不矯的映射出「每個人心中被愛情五味酒浸透的歲月」是如何「掙扎著站了起來，跨出了夢境的門檻」……

寫作是藝術

張秀亞／著

曾經激盪過無數文藝青年心扉的張秀亞教授，以其全才之筆，將她對寫作技巧的分析、我國文學優美傳統的闡釋，化作篇篇斐然文章。不僅在文學藝術上有著深刻的見解，抒情寫景更是詞情清美、意境高遠，體現出對人世細節異常敏銳的洞察，堪是創作者提燈引路之絕佳讀本。

愛琳的日記

張秀亞／著

本書記錄張秀亞在中部生活的點點滴滴，以及對文藝創作的看法。作者以優美細膩的文字，在筆端燃燒內心的熱情，並擁抱生活和大自然的愛與純真、追求人生深邃的真理、領略不平凡的感情與崇高的意念，發現人性的真、善、美，漫溢在這紛紛擾擾的人世間，感動你我的心。

校園裡的椰子樹

鄭清文／著

鄭清文的作品，善於描繪一般民眾的日常生活，對人、對事都採取他一貫「簡單」描述卻「豐富」呈現的特殊風格。無論是丈夫被同袍分食的年輕孀妻，中年失業的一家之主，親人自相殘殺的孤獨女子，身體殘障的大學女講師……，這些看似悲劇色彩濃厚的人物，在作者筆下，總能在沉重的身心煎熬之後，雲破天開，找回自己的尊嚴與定位。

談文學

鄭騫 等／著

本書為民國六十年「新文藝講座」的講稿集結，邀請十位來自不同領域的名家——錢穆、邢光祖、鄭騫、崔垂言、潘琦君、成中英、俞大綱、黃得時、葉維廉以及彭歌，一起「談文學」。作者群為各個領域前賢，其多元理論見解、深厚的眼識觀點，必能帶領現代讀者探索文學廣博的世界。

詩心

黃永武／著

本書分篇介紹十二位唐詩名家，收錄七十餘首唯美詩作，作者以廣義的修辭學方法品賞唐詩，分句賞析，博引典故，提出獨樹一幟的見解。本書將帶領讀者進入詩國的花圃，透過閱讀唐詩，我們彷彿也閱讀了最瑰麗輝煌的唐代之心。

中國哲學與中國文化

成中英／著

本書由作者的十一篇論文組成，從中國哲學觀點論述中國文化五千年之獨特價值，並以方法學及西方哲學的知識，倡導中國哲學的重建。其中涵蓋孔子的智慧與正名思想、孟子思想體系的研究，以及《中庸》的致中和之說、王陽明的致良知之說，並延伸到顏元格物致知之學。凡是愛好鑽研哲學的讀者，皆可將其列為必讀。

台灣現代文選

向陽、林黛嫚、蕭蕭／編著

本書所選範文皆為台灣現代文學之名家名作，小說如〈永遠的尹雪艷〉（白先勇）；散文如〈日不落家〉（余光中）；新詩如〈如歌的行板〉（瘂弦）等，皆是一時之選。此外並兼收各領域之文學創作，如代表海洋文學的〈奶油鼻子〉（廖鴻基）、為少數民族發聲的〈大雁之歌〉（席慕蓉）等，這種著重人文關懷、創作旨趣及美學欣賞的選文特色，在在呈現出本書的廣度及深度，並帶給讀者均衡且全方位的現代文學視野。

國家圖書館出版品預行編目資料

作家印象記／謝冰瑩著.——二版一刷.——臺北市：
三民，2023
面；　公分.——（集輯）

ISBN 978-957-14-7586-8（平裝）
1. 作家 2. 世界傳記

781.054　　　　111019376

集輯

作家印象記

作　　者｜謝冰瑩
發 行 人｜劉振強
出 版 者｜三民書局股份有限公司
地　　址｜臺北市復興北路 386 號 (復北門市)
　　　　　臺北市重慶南路一段 61 號 (重南門市)
電　　話｜(02)25006600
網　　址｜三民網路書店 https://www.sanmin.com.tw

出版日期｜初版一刷 1967 年 1 月
　　　　　二版一刷 2023 年 8 月
書籍編號｜S780170
I S B N｜978-957-14-7586-8

三民書局